MIRABELLGARAGE

Elfi Geiblinger

DAS SCHRANNENKOCHBUCH

VERLAG ANTON PUSTET

Impressum

Bibliografische Information der Deutschen Nationalbibliothek
Die Deutsche Nationalbibliothek verzeichnet diese Publikation in der Deutschen Nationalbibliografie; detaillierte bibliografische Daten sind im Internet über http://dnb.ddb.de abrufbar.

5020 Salzburg, Bergstraße 12

Lektorat: Martina Schneider
Lektorat Rezepte: Irmgard Wöhrl
Layout & Satz: Tanja Kühnel
Druck: Druckerei Holzhausen, Wien
Gedruckt in Österreich

ISBN: 978-3-7025-0625-4

www.pustet.at

Bildnachweis

Archiv des ORF Landesstudio Salzburg: 41 l., 51, 54, 98, Elfi Geiblinger 145
Tanja Kühnel: Coverfoto, U4 links unten; 3, 9, 11, 15, 21, 32 r., 33, 34 r., 45, 47, 48 l., 61, 83, 95, 101, 103, 114, 118, 123, 124, 134, 147
Adelheid Mayr, Privatarchiv: 26, 27
Rücken und Rezeptblätter: Shutterstock
Seite 145: Privatarchiv Illinger, Pratter
Seite 20: Foto Stadtarchiv Salzburg, Andräkirche 1952
Seite 22 links: Foto Stadtarchiv Salzburg, Schranne nach der Jahrhundertwende
rechts: Fotoarchiv Franz Krieger, alte Getreideschranne 1943
Seite 23: Foto Stadtarchiv Salzburg, Schranne 1976
Seite 24: Foto Stadtarchiv Salzburg, Schranne in der Franz-Josef-Straße
Das historische Bildmaterial wurde mit der freundlichen Genehmigung von Peter F. Kramml, dem Leiter des Stadtarchivs abgedruckt

Alle anderen Fotos: © wild+team

Inhalt

zialitäten
Oberhuemer's
BISON
HAPPY GLYX

Wenn ich von der Schranne erzähle, dann ist das immer auch eine Art Liebeserklärung. Seit mehr als zwanzig Jahren melde ich mich an jedem Schrannentag live in Radio Salzburg vom Markt und erzähle den Hörerinnen und Hörern, was dort tagesaktuell besonders gut ist, was besonders günstig ist, bei welchen saisonalen Angeboten man besser noch etwas warten sollte und welche neuen Köstlichkeiten ich entdeckt habe. Und weil vier Augen mehr sehen als zwei, begleitet mich jedes Mal einer meiner beiden „Schrannenköche“, entweder Josef Illinger (I*), der von Anfang an dabei war, oder Michael Pratter (P*), der längst auch schon zum Schrannenexperten geworden ist. Sie geben die praktischen Tipps und heiß begehrten Rezepte für die Zubereitung der geradezu unglaublichen Vielfalt an Lebensmitteln, die man da als Kunde in den Einkaufskorb packen kann, und sie teilen natürlich meine Liebe zur Schranne.

Die Freude daran, über den Markt zu gehen, zu schauen, zu riechen, zu kosten und mit Standlern und Besuchern zu reden, ist nach zwanzig Jahren noch genauso groß wie zu Beginn. Manchmal, an besonders kalten und unfreundlichen Wintertagen wird die Liebe allerdings zur Hassliebe. Und wenn ich die Zehen nicht mehr spüre vor lauter Kälte, schwöre ich, mich am folgenden Donnerstag ganz gewiss nicht selbst vom Markt zu melden, wissend, dass ich diesen Schwur niemals einhalten werde. Und das hat gleich mehrere Gründe. Da ist einmal die Faszination der Schranne, der ich zu keiner Jahreszeit widerstehen kann, am wenigsten natürlich vom Frühling bis zum Herbst. Und da ist zum anderen die ungebrochene Begeisterung zigtausender Hörer, die Neuigkeiten von der Schranne hören wollen.

Gleich ob ich irgendwo in den Gauen unterwegs bin oder in der Stadt, die Schranne ist sofort ein Thema. Die Verantwortung dafür, dass am Donnerstag die Lust auf Essen bei den Zuhörern steigt, weil ihnen, wie sie versichern, beim Zuhören das Wasser im Munde zusammenläuft, nehme ich gerne auf mich.

Meine anfängliche Befürchtung, dass die Schranne für alle, die weit von der Stadt entfernt wohnen, nur mäßig interessant sein könnte, hat sich als unbegründet erwiesen. Ganz im Gegenteil. Es kommt sogar öfter vor, dass sich ganze Gruppen aus den Gauen aufmachen, um sich von mir persönlich durch die Schranne führen zu lassen. Es freut mich immer wieder, etwas über den Markt zu erzählen und ganz subjektiv die Produkte vorzustellen, die mir selbst am allerbesten schmecken. Wenn es mir gelingt, auch bei den Besuchern Begeisterung und Staunen zu wecken, dann wächst mein Stolz auf „unsere Schranne", die sich wahrlich nicht zu verstecken braucht. Jedes Mal wenn ich in eine fremde Stadt komme, besichtige ich umgehend den Markt. Und meistens fällt der Vergleich ganz eindeutig zugunsten der Schranne aus.

Dass die Schranne im Unterschied zu den meisten vergleichbaren Märkten in Österreich in den letzten Jahren keine Kunden verloren hat, hängt aber neben der einzigartigen Atmosphäre und den vielfältigen Angeboten auch mit der konsequenten Berichterstattung auf Radio Salzburg zusammen. Sie trägt zweifellos dazu bei, dass die Schranne bei den Salzburgern und den Nachbarn in Oberösterreich und Bayern nicht in Vergessenheit gerät und sie macht auch jüngeren Zuhörern immer wieder Lust, die Schranne selbst zu erleben.

*) Die Rezepte sind mit der Initiale des jeweiligen Kochs gekennzeichnet.

Die Salzburger Schranne ist mit rund 190 Standeln auf einer Fläche von ungefähr 3500 Quadratmetern der größte Wochenmarkt Österreichs. Wenn man sämtliche Märkte in Österreich vergleicht, dann liegt sie immer noch an dritter Stelle. Nur der Naschmarkt und der Brunnenmarkt, beide in Wien und mit der Schranne nicht wirklich vergleichbar, überflügeln sie an Größe.

Die Schranne ist ein reiner Straßenmarkt. Das heißt, sie entsteht am jeweiligen Markttag im Morgengrauen buchstäblich aus dem Nichts und verschwindet spätestens um 14 Uhr wieder, ohne Spuren zu hinterlassen.

Es gibt weder fixe Hütten noch befestigte Stände. Jeden Donnerstag und wenn der ein Feiertag ist, am Mittwoch, gehören der Parkplatz rund um die Andräkirche, der Platz vor dem Schloss Mirabell, die Hubert-Sattler-Gasse und Teile der Faberstraße und der Haydnstraße ausschließlich den Marktfahrern und ihren Kunden. Das rege Treiben beginnt schon zur nachtschlafenden Zeit, wenn die Mehrzahl der Schrannenkunden sich noch viele Male im warmen Bett umdrehen kann, bevor der Wecker läutet.

Markus Schreilechner zum Beispiel, der an jedem Schrannentag ein riesiges Sortiment an Gemüse und Obst anbietet, beginnt mit dem Aufbau seines großen Standes schon um zwei Uhr in der Früh. Fast vier Stunden Arbeit mit einem Helfer braucht es, bis aus den Tischen, den Stangen, dem Zeltdach und den vielen, vielen Kisten und Steigen diese bunte, aber wohlgeordnete und sorgsam geschlichtete Augenweide entsteht, die es den Kunden schwer macht, beim Einkaufen Maß zu halten.

Ab vier Uhr morgens kommen dann auch die anderen Großen. Da werden die Stände aufgebaut, die in der Mehrzahl zwischen 10 und 40 Quadratmeter groß sind, in Ausnahmefällen sogar bis zu 80 Quadratmeter, da werden die Verkaufswägen angeschleppt, da wird entladen und beladen und alles nach einem bewährten System, das seit Jahrzehnten eingespielt ist. Wenn nur einer aus der Reihe zu spät kommt, beginnt das System zu wanken. Dann wird es kompliziert mit dem Durchkommen

und erst recht mit dem Einparken der Verkaufswägen.

Ein oberösterreichischer Biobauer, der inzwischen leider aufgehört hat, zur Schranne zu fahren – er ist ja auch nicht mehr der Jüngste mit seinen über 70 Jahren – hatte viele Jahre einen kleinen, bescheidenen Verkaufsstand inmitten viel größerer. Er ist immer schon lange vor fünf Uhr da gewesen, damit er nur ja niemanden behinderte und um sich selbst das schwierige Einparken seines Wagens hinter dem Standel zu erleichtern.

Wenn er dann mit seinem Aufbau fertig war, lange bevor die ersten Kunden auftauchten, legte er den Polster, den er von daheim mitgenommen hatte, auf das Lenkrad und schlief vornübergebeugt ein Stündchen, um sich vor dem stundenlangen Stehen, bei Sonne, bei Regen und manchmal bei eisiger Kälte noch ein bisschen auszurasten.

Da haben es die „Kistenstandler", ungefähr 40 an der Zahl, die in der Marktordnung als „Landparteien" angeführt sind, schon um einiges leichter. Ihre minimale Ausrüstung, die bestenfalls aus einem Tischerl, einem Sonnenschirm, der auch Schnee und Regen abhalten muss und einem Klappsessel besteht, ist schnell aufgebaut. Zu den Füßen gibt es dann noch den einen oder anderen Korb oder ein paar Obststeigen mit den Produkten, die im eigenen Garten gewachsen sind, oder mit Kräutern, die sie im Wald oder auf der Wiese gesammelt haben.

In der Hochsaison, und die ist auf der Schranne ungefähr von Ostern bis spät in den Herbst hinein, haben die Schrannenbesucher die Qual der Wahl. Bis zu 190 verschiedene Stände und Verkaufswägen, von sehr klein bis groß, bieten eine geradezu unglaubliche Vielfalt an Produkten an.

Was verkauft werden darf, ist durch die Marktordnung ganz genau geregelt.

Der Schwerpunkt liegt natürlich bei allem Essbaren. Laut Marktordnung fällt das unter die Hauptgegenstände auf dem Schrannenmarkt, und die sind genauestens aufgelistet.

Beim Obst sieht das zum Beispiel so aus: Obst, Dörrobst, eingelegtes Obst, Marmeladen, vergorene und unvergorene Obstsäfte, Weine und Brände.

Daraus kann man schon ersehen, dass nicht nur Grundnahrungsmittel wie Obst, Gemüse, Fleisch, Fisch, Brot, Milch und Honig verkauft werden, sondern auch alle denkbaren Produkte, die durch Weiterverarbeitung entstanden sind. Auch fertige Speisen zählen dazu. Die dürfen aber üblicherweise nur kalt angeboten werden. Warmes wie Würstel und gebackene Hendl gibt es ausschließlich bei den sogenannten „Versorgungsständen“, die oft schon um sieben Uhr in der Früh von hungrigen Schrannenbesuchern umlagert sind. Wenn jemand schon Stunden vorher mit der Arbeit begonnen hat, dann kommt offenbar das frisch gebackene Hendl zur frühen Jause gerade recht.

Wenn alles, was den Schrannenkunden nährt oder von einem Gärtner kommt, in der Marktordnung als „Hauptgegenstand“ bezeichnet wird, dann muss es natürlich auch noch „Nebengegenstände“ geben, als da wären Schuhe, Textilien, Haushaltswaren, Putzmittel und eine Fülle von diversen kleinen Geschenkartikeln.

Während bei landwirtschaftlichen Produkten kaum ein Wunsch offen bleibt und sogar ausgesprochene Gourmets problemlos fündig werden, ist das textile Angebot nicht so breit gefächert. Aber weil sich über Geschmack prinzipiell nicht streiten lässt und weil sich auch durchaus seltene oder an frühere Zeiten erinnernde Stücke im Angebot finden, mangelt es auch diesen Standeln nicht an Käufern oder besser gesagt meist Käuferinnen.

Die Mehrzahl dieser Standel ist das ganze Jahr über auf der Schranne zu finden und konzentriert sich auf den Bereich der Hubert-Sattlergasse. An deren Beginn drängt sich Stand an Stand mit Kleidung, mit Tüchern, Schuhen und Accessoires, mit Körben, Cremen und Tinkturen aller Art.

Wer möchte, kann also erst den Einkaufskorb direkt auf der Schranne erstehen und diesen dann beim Rundgang füllen.

Im Winter nützen noch zusätzliche Anbieter von allerlei nicht essbaren Produkten die Chance, ihre Waren den Salzburgern nahezubringen. Sie bauen ihre Standel auf den freien Plätzen auf, die durch die Winterpause vieler Obst- und Gemüsehändler entstehen und sorgen so dafür, dass in der kalten Jahreszeit auch rechts von der Kirche ein wenn auch etwas bescheideneres Marktgeschehen spürbar wird.

An guten Tagen besuchen mehr als 9000 Menschen die Schranne, um für sich allein oder für kleinere oder größere Familien einzukaufen. Sie kommen in erster Linie aus der Stadt, aus dem näheren Umland, aus Oberösterreich, aus dem angrenzenden Bayern und manchmal sogar aus dem Pinzgau oder dem Lungau, weil sie wenigstens hin und wieder die Schranne erleben möchten. So unterschiedlich, wie die Standler sind, sind eben auch die Besucher.

Da gibt es die Eiligen

Sie sind in der Regel berufstätig und kommen schnell vor Arbeitsbeginn oder in der Mittagspause auf die Schranne und erledigen dort gezielt und möglichst rasch ihre Einkäufe. Sie sind in der Regel treue Stammkunden und nehmen es in Kauf, für die Schranne Umwege zu machen, sich dem Wetter auszusetzen und ihren Einkauf mit zur Arbeit nehmen zu müssen. Dafür bekommen sie etwas, was ihnen kein Supermarkt bieten kann, nämlich eine ganz bestimmte Eigenart bei vielen Produkten, höchst individuelle Geschmackserlebnisse und vor allem in den Sommermonaten Gemüse, das noch am Tag zuvor auf dem Feld war und entsprechend frisch und knackig schmeckt.

Da gibt es die Schnäppchenjäger

Sie sind entweder von Natur aus sehr sparsam oder müssen mit wenig Geld haushalten. Sie kaufen dort ein, wo es jeweils am günstigsten ist und lassen sich magisch anziehen, wenn eine Tafel verkündet: „Heute nur …“ Ihnen kommen die regelmäßigen Aktionen der verschiedenen Standler, die jeden Donnerstag auf Radio Salzburg zu hören sind, besonders entgegen. Viele warten das sogar extra zu Hause ab oder bleiben im Auto sitzen, um im Radio zu hören, was am jeweiligen Tag besonders gut ist und bei welchem Stand man beim Einkauf viel Geld sparen kann. So gerüstet mit tagesaktuellen Schrannentipps machen sie sich dann auf den Weg, um zielgerich-

tet einzukaufen. Vielen geht es dabei aber nicht nur um den möglichst sparsamen Einkauf, sondern auch um die Information, was an diesem Tag neu auf der Schranne ist.

Da gibt es die Genießer

Sie haben Zeit, weil sie entweder schon in der Pension sind oder sich als Hausfrauen oder „Freiberufler" die Zeit einteilen können. Sie zählen ebenfalls zur Gruppe der Stammkunden. Sie haben zwar bestimmte Vorstellungen, was sie einkaufen möchten, lassen sich aber auch gerne von Besonderheiten locken und leiten. Sie eilen nicht über die Schranne, sie schlendern und kosten und lassen sich inspirieren. Das sind oft auch die Schrannenbesucher, die nach dem Einkaufen schwer zu schleppen haben, weil die Verlockung einfach zu groß war und der Gedanke an die begrenzte Kapazität des eigenen Kühlschrankes fern. Für sie ist das Einkaufen allein schon ein Genuss, der sich beim Essen der Köstlichkeiten noch verstärkt.

Da gibt es die Neugierigen

Sie haben im Radio schon viel von der Schranne gehört und wollen endlich einmal selbst sehen, was der Markt zu bieten hat. Sie kommen meist von weiter her, treten in Gruppen auf und vergleichen mit leichter Wehmut im Herzen die Fülle, die sich ihnen auf der Schranne bietet mit dem um so vieles bescheideneren Angebot auf kleinen Märkten in ihrer Umgebung.

Da gibt es die Umweltbewussten

Sie wissen, dass die vielen regionalen Produkte auf der Schranne nur kurze Wege hinter sich haben, bevor sie in der Einkaufstasche landen. Sie treffen mit ihrem Einkauf auf der Schranne sozusagen gleich zwei Fliegen mit einem Schlag. So ein Häuptel Salat ist oft am Abend davor noch auf dem Feld oder im Garten gestanden

und könnte somit nicht frischer sein, und sie unterstützen mit ihrem Einkaufsverhalten auch die regionalen kleineren Anbieter und halten sie so am Leben. Wenn sie dann auch noch zur Schranne radeln, was viele tun, könnte die CO_2-Bilanz gar nicht besser ausfallen.

Da gibt es die Gourmets

Sie sind auf der Suche nach dem ganz Besonderen und werden auf der Schranne fündig. Gleich, ob es um Perlhühner geht, um Wachteln, Stubenküken, Trüffel, frische Nudeln aus Italien, Bio-Oliven aus Griechenland oder um einen seltenen Fisch – die Schranne bietet auch all das, was man sonst nur in ausgesuchten Feinkostläden findet.

Da gibt es die Biofans

Sie werden nicht nur bei der Biofraktion, die sich, etwas von der Schranne abgetrennt durch die Rainerstraße, direkt vor dem Schloss Mirabell angesiedelt hat, fündig, sondern auch bei der wachsenden Anzahl von Biostandeln auf dem übrigen Markt. Gleich ob es um Brot geht, um Fleisch, Wurst, Käse oder um Gemüse und Obst, man hat auf der Schranne auch bei frischen Biolebensmitteln inzwischen die Qual der Wahl.

Egal, zu welcher Gruppe an Käufern man sich eher zählt, man erlebt, dass ein Schrannenbesuch sich gewaltig vom Einkauf in einem Supermarkt unterscheidet. Dort schnappt man seinen Wagen und bewegt sich mit ihm in einem klimatisierten Raum, in dem man immer die gleichen Produkte, oft steril verpackt und immer gleich schmeckend an den immer gleichen Stellen findet. Wer auf der Schranne einkauft, setzt sich Wind und Wetter aus. Er erlebt hautnah den Wechsel der Jahreszeiten, freut sich, wenn er im Frühling eines der anfänglich noch raren Büschel Bärlauch ergattert, wartet auf die ersten heimischen Erdbeeren, auf den Marchfelder Spargel und die Wachauer Marillen. Er erfährt, dass nicht nur das Wild, sondern auch heimische Fische bestimmte Schonzeiten haben und bekommt auch als Städter ohne eigenen Garten mit, wie sehr sich das Wetter auf die Verfügbarkeit und die Qualität heimischer Obst- und Gemüseprodukte auswirkt.

Wenn man Glück hat und ein bisschen Zeit, dann kann so ein Schrannenbesuch zu einem unglaublich sinnlichen Erlebnis werden. Mit einem Einkaufskorb in der warmen Sonne die Reihen der Standler entlangzugehen, die Bilder aufzunehmen, die Kräuter zu riechen, die Blumen, einen Käse zu kosten und sich dann ein Stück vom Laib herunterschneiden zu lassen, das ist viel mehr als nur Einkaufen, das bringt für viele Kunden einfach eine besondere Lebensqualität.

Zu dieser Lebensqualität zählt zweifellos auch die Kommunikation zwischen den Käufern und den Verkäufern. Manche kennen einander schon seit Jahrzehnten und wenn der Trubel nicht zu arg ist, bleibt oft Zeit für ein kurzes Schwätzchen. Da werden Urlaubserlebnisse ausgetauscht, da kann man über Wehwehchen reden und sich wechselweise Tipps für deren Bewältigung geben, da kann man sich den einen oder anderen Kochtipp holen, da kann man die Freude darüber äußern, dass ein in der Vorwoche erstandenes Produkt besonders gut oder die Weiterverarbeitung besonders geglückt war oder auch, dass etwas ganz und gar nicht geschmeckt hat. Je nach Temperament und Einstellung des Standlers wird er Kritik ernst

Auguste Schörner

Auguste Schörner ist 90 Jahre alt und versäumt keine Schranne. Weil sie die Hände frei haben muss für die Stöcke, die ihr beim Gehen helfen, lässt sie sich das Gemüse in den Rucksack packen. Die Salzburgerin sieht die Schranne als „Volkstreffpunkt", wo man Bekannte trifft und nach Herzenslust „ratschen" kann. Bei schönem Wetter sitzt sie nach dem Einkauf oft stundenlang auf einer Bank und beobachtet die Menschen, die sich auf der Schranne tummeln.

Peter Walker

Peter Walker hat als Kind das Landleben genossen und eine starke Verbundenheit zur Natur und ihren Kreisläufen entwickelt. Als er sich nach dem Studium der Zahnmedizin in Salzburg als Zahnarzt niedergelassen hat, war die Entdeckung der Schranne für ihn ein bisschen der Ersatz für die Sehnsucht nach Nähe zur Natur. Er kauft hauptsächlich Bioprodukte ein und genießt am liebsten das, was die Saison gerade bietet.

nehmen und sich bemühen, seine Kunden wieder zu versöhnen oder er wird sie beleidigen. Dann hat man als Kunde natürlich die Möglichkeit, sich zu rächen und demonstrativ ab sofort beim Nachbarstandel einzukaufen.

Die Schranne ist auch ein Ort der Geselligkeit. Man verabredet sich mit ehemaligen Arbeitskollegen beim Würstelstand und redet über das, was die vergangene Woche gebracht hat oder die neue bringen wird. Man trifft sich mit der Freundin, um gemeinsam einzukaufen und nach dem Schrannenbesuch noch in Ruhe in einem der vielen nahen Kaffeehäuser einen Kaffee und ein Stück Mehlspeise zu genießen. Oder man kommt von weiter her, manchmal in einer Fahrgemeinschaft mit Freunden oder Nachbarn und sieht den Schrannebesuch als willkommenen Ausflug in die Stadt.

Für manch alleinstehende Pensionisten ist die Schranne eine der wenigen Möglichkeiten, unter vielen Menschen zu sein und ein paar Worte mit anderen zu wechseln.

Waltraud Mace

Obwohl Waltraud Mace Salzburgerin ist, hat sie die Schranne erst vor wenigen Jahren entdeckt. Schon beim ersten Einkauf hat sie beschlossen, der Schranne in Zukunft treu zu belieben. Seither radelt sie am Schrannentag zum Markt und deckt sich hauptsächlich mit Gemüse und Fischen ein. Nach dem Einkaufen genießt sie es, Freunde oder Bekannte in ihrem „Schrannen-Stammcafe" zu treffen, einen Kaffee zu trinken und Neuigkeiten auszutauschen.

Franz Paul Strasser

Franz Paul Strasser fährt seit ungefähr 30 Jahren jeden Donnerstag von Henndorf auf die Schranne. Er schätzt nicht nur die Frische der angebotenen Waren und ihre Vielfalt, sondern auch die Standler, die auf sein lockeres Mundwerk mit Freude eingehen. Für ihn ist das Einkaufen auf der Schranne ein sozialer Akt, den er auf keinen Fall missen möchte.

Originale

Die Salzburger Schranne ist längst zu einem Markenzeichen geworden, das weit über Stadt und Land hinaus den Menschen ein Begriff ist. Nur selten fragt sich jemand, warum die Schranne eigentlich Schranne heißt. Alteingesessenen Salzburgern fällt dazu als Namensgeber das städtische Schrannengebäude in der Schrannengasse ein, das als Getreidespeicher für die Stadt diente und 1944 nach einem schweren Bombeneinschlag abgerissen werden musste.

Der Ursprung des Begriffes „Schranne" in Salzburg liegt aber wesentlich weiter in der Vergangenheit.

Im Mittelalter war in einem Haus auf dem jetzigen Waagplatz das Gericht untergebracht und dieses Gerichtsgebäude wurde nach dem italienischen Wort für die Gerichtsbank dann Schranne genannt. Und diese Bezeichnung ist dem Haus geblieben, auch dann noch, als das Gericht längst umgesiedelt war. Im Jahr 1430 hat man dann das leerstehende Haus als Verkaufsstätte für 20 Bäcker eingerichtet und schön langsam wurde der Begriff Schranne nicht mehr mit der Gerichtsbank in Zusammenhang gebracht, sondern mit den Brot-Tischen der Bäcker. Damit sind wir der heutigen Verwendung für den Salzburger Wochenmarkt zumindest begrifflich schon ein Stück näher gerückt.

Von den Bäckern ist es nicht weit zum Getreide und damit zur dritten Verwendung des Namens Schranne. Am Ende des 17. Jahrhunderts wurde nämlich gegenüber dem Schloss Mirabell die Getreideschranne errichtet. Das war ein Getreidespeicher, der gut gefüllt in Krisenzeiten die Versorgung der Stadt mit Brot garantieren sollte. Er wurde aber im Jahr 1810 beim großen Stadtbrand vernichtet und an seiner Stelle die neue, größere Getreideschranne in der Schrannengasse in Betrieb genommen. Die fiel dann, wie schon erwähnt, im 2. Weltkrieg den Bomben zum Opfer. Als Namensgeberin für den größten Salzburger Wochenmarkt aber hat sie die Zeiten überdauert.

Rund um diese Getreideschranne hat sich im 19. Jahrhundert ein schwungvoller Handel entwickelt und zwar mit Holz, mit Heu und mit Stroh. Die Bauern, die diese Produkte anliefer-

ten, sind dann schön langsam auf die Idee gekommen, auch Lebensmittel vom eigenen Hof mitzunehmen und den Stadtbewohnern zu verkaufen. Sie brachten hauptsächlich Eier, Butter, Schmalz und Geflügel – und zwar waren das damals noch lebende Hennen. Nach und nach bekamen diese Verkäufe eine große Wichtigkeit für die Versorgung der Bevölkerung. Sie waren allerdings offiziell nicht genehmigt und wurden Anfang 1906 kurzerhand von der Landesregierung verboten. Weil dieser kleine Markt aber so wichtig für die Stadtbevölkerung geworden war, regte der Gemeinderat eine Ergänzung der Marktordnung an und ein halbes Jahr später, im Juni, war dann die offizielle Geburtsstunde des Wochenmarktes für landwirtschaftliche Produkte auf dem Platz vor der Schranne. Als Verkaufstag wurde auch damals schon der Donnerstag bestimmt.

Nun gab es zwar den Schrannenmarkt ganz offiziell, aber mit der heutigen Schranne kann man ihn wahrlich nicht vergleichen. Die Entwicklung ging recht langsam und zögerlich voran. Kein Wunder, wenn man allein nur an die fehlenden Transportmöglichkeiten denkt. Kleine Bauern oder Häusler aus der Umgebung hatten kein Pferdgespann übrig, um zur Schranne zu fahren. Meist machten sich die Frauen zu Fuß auf den Weg mit ihren Produkten, die sie entweder in Körben und Rucksäcken verstaut hatten, oder mit einem Handwagen hinter sich herzogen. So brachten anfänglich nicht nur Bauern aus der Walser Gegend, die ja heute noch zu den wichtigsten Lieferanten für Gemüse auf der Schranne gehören, ihre Waren zum Markt, sondern auch Bäuerinnen vom Haunsberg und anderen weiter entfernten Orten im Flachgau.

Aus dieser Zeit gibt es zwar noch die Marktordnung, aber keine Aufzeichnungen, die Aufschluss darüber geben, wer damals, vor mehr als 100 Jahren Eier, Butter, Schmalz, Fleisch und Gemüse auf dem Salzburger Wochenmarkt verkaufte. Man muss sich da mehr oder weniger auf Familienchroniken verlassen und die sind, was die Schranne betrifft, nicht immer frei von

Mythenbildungen. Während die einen zu wissen meinen, dass schon die Urgroßmutter auf der Schranne ihr Gemüse verkauft hat, setzen andere Familienmitglieder den Zeitpunkt für das regelmäßige Auftreten auf der Schranne um einiges später an.

Man kann aber mit Fug und Recht annehmen, dass die Vorfahren einiger Gemüsebauern, die auch jetzt noch ihren Stand auf der Schranne haben, schon im Jahr 1906 dabei waren.

Eine der wenigen, die tatsächlich noch authentisch über die Anfänge der Salzburger Schranne berichten kann, ist Henriette Glas. Sie ist im Jahr 1905 geboren und schon mit ihrer Mutter regelmäßig auf die Schranne gegangen. Sie weiß, dass es dort anfänglich nur wenige Bauern gab und kann sich noch gut an einzelne Einkaufserlebnisse erinnern. Zum Beispiel an den Tag, an dem ihre Mutter eine lebende Henne kaufte, die im Suppentopf landen sollte. Der Henne gefiel das offenbar gar nicht. Sie riss aus und konnte erst nach einer wilden Verfolgungsjagd über die ganze Schranne wieder eingefangen werden. Als sie dann endlich mit der Henne zu Hause waren, brachte es die Mutter nicht übers Herz, das freiheitsliebende Tier zu schlachten. Sie gab es an einen Nachbarn weiter.

Man kaufte nicht bei jedem Standel ein, sondern hatte „seinen Bauern", bei dem man sich ausschließlich eindeckte. Und der war auch bereit, an einem anderen Tag der Woche etwas ins Haus zu liefern. Die Stammkunden konnten also auf der Schranne vorbestellen und die Lieferung erfolgte dann bei der sogenannten „Haustour" einzelner Bauern.

Henriette Glas ist inzwischen 105 Jahre alt geworden. Bis vor wenigen Jahren ist sie noch jeden Donnerstag mit dem Bus auf die Schranne gefahren und hat sich dort mit Gemüse und vor allem mit Fisch eingedeckt, mit Saiblingen und Forellen aus den heimischen Seen. Inzwischen ist das Gehen etwas beschwerlicher geworden und sie fährt nur noch bei gutem Wetter mit dem Bus auf die Schranne. Sie ist zwar überzeugt, dass die Qualität so mancher Produkte vor Jahrzehnten besser war, aber missen möchte sie ihre Einkäufe auf der Schranne auf keinen Fall.

Henriette Glas ist nicht nur Augenzeugin der anfänglich recht spärlichen Angebote auf der Salzburger Schranne, sondern sie hat auch miterlebt, wie in den 20er-Jahren des vergangenen Jahrhunderts der Verkauf der bäuerlichen Produkte langsam zu florieren begann. In den 30er-Jahren waren dann schon einige Grünbauern vertreten, die die Salzburger mit Gemüse,

mit Kartoffeln und mit Obst versorgten. Diese Entwicklung nahm aber im Zweiten Weltkrieg ein jähes Ende. Das Marktgeschehen vor dem Schrannengebäude kam völlig zum Erliegen und 1944 besiegelte ein schwerer Bombenangriff auch das Schicksal des Getreidespeichers. Das Gebäude musste nach Kriegsende abgetragen werden.

Da gab es zwar die Schranne wieder als Markt, aber nicht mehr am alten Platz. Die Stände wanderten in die Franz-Josef-Straße zum neuen Grünmarkt. Es dauerte 10 Jahre, bis die Schranne wie in alten Zeiten jeden Donnerstag um die Andräkirche herum auf- und am Nachmittag wieder abgebaut wurde.

Ab 1960 gab es dann auf der Schranne die „Marktfrau“ das war ein Brunnen, den der Salzburger Bildhauer Herbert Trapp angefertigt hatte. Er diente den Standlern als Nutzbrunnen zur Wasserentnahme. Die Salzburger tauften die „Marktfrau“ um in das viel liebevollere „Schrannenweiberl“, was auch so etwas wie ein Ausdruck von Sympathie für die Standlerinnen war.

1974, als die Mirabellgarage gebaut wurde, war es dann vorbei mit der Ruhe des „Schrannenweiberls“. Sie musste ganz nach unten in die Hubert-Sattler-Gasse übersiedeln, wo sie auch heute noch steht, und die Standeln in die umliegenden Straßen ausweichen. In den folgenden zwei Jahren gab es dann Diskussionen über den zukünftigen Standort der Schranne. Schließlich aber war der einhellige Wunsch der Schrannebesucher ausschlaggebend – die Schranne kehrte am 7. Oktober 1976 zurück auf den angestammten Platz und dort wird sie vermutlich auch bleiben, solange die Salzburger sie lieben und mit ihren Einkäufen am Leben halten.

Wenn auch die Anfänge der Schranne, was die Standler betrifft, ein bisschen im Dunkeln liegen, so waren die Aufzeichnungen des Marktamtes in späteren Jahrzehnten sehr genau. Aus denen kann man ersehen, dass zum Beispiel viele Standler schon auf eine 50-jährige Geschichte auf der Schranne zurückblicken können. Und einige der frühen Marktfahrer sind auch noch am Leben und erinnern sich, wie schwierig es damals war, die Produkte zum Markt zu schaffen und sie vor Hitze und Kälte zu schützen. Wenn es bitterkalt war, dann legten die Bauern ihre Körbe und Steigen mit Heu aus, oder mit Papier, um das Gemüse vor dem Gefrieren zu bewahren. Obenauf kamen dann Decken und alte Leintücher. Die Kunden wussten ohnehin, was es gab und auch, was sie kaufen wollten. Da war es nicht so wichtig, die Ware ansprechend zu präsentieren. Markus Schreilechner hat heute noch auf dem Dachboden die alten Milchkannen mit den Löchern an den Seiten, die seine Mutter vor Jahrzenten als Kohleöfchen nützte, um wenigstens hin und wieder die vor Kälte klammen Hände etwas zu wärmen. Die glühenden Kohle kamen in die Milchkanne und die Löcher sorgten für die nötige Sauerstoffzufuhr, um sie am Glosen zu erhalten.

Anna Hauer aus Lochen ist 1961 zum ersten Mal mit Fleisch und Würsten aus der eigenen Metzgerei auf die Schranne gefahren. Nicht nur ihr eigener Mann, auch die Nachbarn im kleinen oberösterreichischen Lochen haben sie am Anfang belächelt und sich gefragt, was das werden soll. Sie selbst hatte keinen Führerschein und war darauf angewiesen, dass sie jemand zur Schranne brachte. Da fügte es sich wunderbar, dass einer aus dem Ort in der Stadt bei der Post arbeitete. Er brachte sie und ihre Körbe jeden Donnerstag zum Markt und nahm sie am späten Nachmittag wieder mit nach Hause. Von einem Verkaufswagen für Fleisch und Würste war da noch lange keine Rede. Als ihr Mann aber merkte, dass das Schrannefahren doch einiges an Geld brachte, begleitete er sie. Der Wagen, mit dem er das Vieh von den Bauern holte, wurde jeden Mittwoch geputzt und gewaschen und kurzerhand zum Verkaufswagen umfunktioniert.

Anna Hauer wurde in Lochen nun nicht mehr belächelt, ganz im Gegenteil. Auch andere entdeckten die wirtschaftlichen Vorteile des Schrannefahrens und folgten ihrem Beispiel. Und so hat auch die Familie Kriechbaum ein Jahr später die Produkte aus der eigenen Metzgerei auf der Schranne feilgeboten. Dann kamen die Käsereien Höflehner und Schober und mit der Familie Baischer war dann auch der erste Händler aus Lochen da. Mittlerweile findet man schon sieben Standler auf dem Markt, die alle aus Lochen kommen und es sich zur Aufgabe gemacht haben, die Salzburger zu nähren.

Die Standeln

Wer noch nie selbst auf der Salzburger Schranne war, wird sich vielleicht nicht vorstellen können, welche Vielfalt sich hinter dem bescheidenen Ausdruck „Standel" verbirgt. Da gibt es gewaltige Aufbauten, die geschützt von einem Zeltdach meterlang unzählige Steigen mit Obst und Gemüse tragen. Die können schon einmal 40, 50 oder gar bis zu 80 Quadratmeter Fläche einnehmen.

Die Metzger, die Käser, die Fischer und die Bäcker sind mit ihren Verkaufswägen auf der Schranne, die natürlich sehr unterschiedliche Ausmaße haben können und auch optisch recht unterschiedlich sind. Das hängt zum einen vom Angebot ab und zum anderen von der wirtschaftlichen Potenz des Standlers. Denn so ein Verkaufswagen in bester Qualität kann bis zu 200.000 Euro kosten. Vor und neben den Verkaufswägen bauen die Marktfahrer noch gerne ein Standel auf mit ausgewählten Produkten, die es natürlich auch im Verkaufswagen gibt. Sie nützen das Phänomen, dass die Kunden, das, was sie unmittelbar vor ihrer Nase haben, am allerliebsten kaufen.

Dass sich das Marktfahren bei aller Mühe sehr rechnet, zeigen die langen Wartelisten, die das Marktamt verwaltet. Käsestandel sind zum Beispiel so begehrt, dass es noch 10 Jahre dauern wird, bis ein neuer Standler eine Chance auf einen der begehrten Plätze bekommt. Sie wissen nicht nur, dass sich das Warten lohnt, sondern sie wissen auch, dass es beim Marktamt keine Bevorzugung gibt. Die Kriterien für die Zuteilung eines Platzes sind für jeden Bewerber nachvollziehbar. Das Sortiment muss einfach passen, wenn man einen der selten frei werdenden Standplätze ergattern möchte. Nur so lässt sich die Vielfalt der Schranne, die die Kunden zu Recht schätzen, aufrecht erhalten.

Ganz anders schaut es aus bei den sogenannten „Landparteien". Noch sind es rund

40 Marktfrauen, ganz selten auch Männer, die mehr oder weniger regelmäßig auf der Schranne ein paar Kisterl aufbauen oder wenn es hochkommt, ein Tischerl hinstellen, auf dem sie ausbreiten, was in ein paar Taschen oder Rucksäcken Platz findet. Was sie anbieten, ist abgesehen von Eiern, Kernöl oder selbst gemachten Kuchen und neuerdings sogar Pralinen, um nur einige Beispiele zu nennen, sehr abhängig von der Jahreszeit. Wenn die ersten Kräuter herauskommen auf den Wiesen, dann bieten sie eben Wiesenkräuter für Suppen und Salate an. Sie sind meist die ersten, die den Bärlauch finden, wenn gerade einmal die Spitzerl herausschauen, sie pflücken die erste wilde Brunnenkresse der Saison, bringen die Zwetschken oder Nüsse vom oft einzigen Baum im Garten, verkaufen erst die Hollerblüten, die sie am Waldesrand pflücken und dann den Holler, wenn er reif ist. Zu Ostern bieten sie Palmkatzerl an und im Winter Misteln und Tannenzweige. Diese „Kistenstandler" tragen sehr viel zur ganz besonderen Atmosphäre der Schranne bei. Viele von ihnen sind ebenfalls schon seit Jahrzehnten auf der Schranne und nicht mehr die Jüngsten. Dessen ungeachtet trotzen sie Wind und Wetter. Sie stehen auch im Winter völlig ungeschützt stundenlang in der Kälte und wenn man sie fragt, wie sie das aushalten, zucken sie mit den Schultern und meinen „Daran gewöhnt man sich mit der Zeit". Sie schwören auf den „Zwiebellook". Das heißt, sie tragen möglichst viele Kleidungsstücke übereinander und die Stiefel werden innen mit warmen Einlagen oder manchmal auch nur mit Zeitungspapier isoliert.

Sie nehmen das Wetter, wie es ist und ertragen mancherlei Widrigkeiten, ohne zu klagen. An Wintertagen, an denen es stark schneit, wird den kleinen, nicht besonders stabilen Sonnenschirmen, die die zum Verkauf angebotenen Produkte wenigstens ein bisschen schützen sollen, die Last des Schnees zu groß und sie kippen und entladen einen Schwall von Schnee direkt auf die Gläser mit Marmelade, oder auf die mit Folie umhüllten Striezeln und

Kuchen. Unverdrossen versuchen die Marktfrauen dann mit den Händen, die nur von Fingerlingen geschützt werden, den Schnee wieder herunterzuwischen, wissend, dass die nächste Schneelawine nicht lange auf sich warten lässt. Und wenn es gar einmal stürmisch ist an einem Donnerstag, dann haben sie beide Hände voll zu tun, um ihre Kräuter vor dem Wegfliegen zu bewahren.

Bei den Kistenstandlern gibt es keine Wartelisten. Im Gegenteil. Es ist zu befürchten, dass sich kein Nachwuchs findet, wenn es die Frauen aus gesundheitlichen Gründen nicht mehr schaffen, sich jeden Donnerstag auf die Schranne zu stellen.

Neben den Kistenstandlern, von denen einige jede Woche auf der Schranne zu finden sind, andere aber nur hin und wieder, wenn sie gerade ein Angebot haben, sind die Gemüsebauern die am stärksten vertretene Gruppe auf der Schranne. 17 Gemüsebauern kommen allein vom Stadtrand Salzburgs und aus Wals-Siezenheim. Sie sind oft schon in der zweiten oder dritten Generation vertreten und verkaufen in der Hauptsaison ihre eigenen Erzeugnisse. Bei ihnen findet man alles, was in der Salzburger Gegend wächst und man hat die Gewissheit, dass die Radieschen, der Karfiol, der Salat und was es sonst noch gibt an saisonalen Produkten, noch wenige Stunden zuvor auf dem Feld waren. Diese Frische wissen die Schrannenbesucher zu schätzen und man schmeckt sie auch. Man braucht keine Angst zu haben, dass das Gemüse zu Hause schon am nächsten Tag Anzeichen vom beginnenden Verfall zeigt. Da sich viele Salzburger auf der Schranne für das Wochenende eindecken, ist die Frische der Produkte ganz besonders wichtig.

Obwohl die Produktpalette bei den einzelnen Standeln recht ähnlich ist, lohnt es sich, zu schauen und zu vergleichen. Beim einen ist das Angebot an Kürbissen besonders interessant, der andere bietet selbst gezogene Artischocken an, der nächste ist bekannt für seine Walser

Steckzwiebeln und das Walser Sauerkraut, das man offen bekommt und das eine Klasse für sich ist. Gleich daneben gibt es dann bei einem Standel auch noch offenes Rübenkraut, eine eher selten zu findende Delikatesse, oder für besonders Gesundheitsbewusste einen Sauerkrautsaft.

Nicht alle der Salzburger Gemüsebauern sind auch im Winter auf der Schranne zu finden, weil es sich nicht lohnt, allein mit dem heimischen Lagergemüse auf den Markt zu fahren. Die, die es trotzdem machen, kaufen dann im bescheidenen Maße einige gängige Gemüsesorten zu, um ihr Angebot auch ihm Winter attraktiv zu halten. Sie geben aber bereitwillig darüber Auskunft, was aus dem „Eigenbau" stammt, und was sie im Großhandel gekauft haben.

Die Gemüsehändler auf der Schranne, das sind in der Hauptsaison immerhin 16 verschiedene, kommen hingegen nicht nur aus Salzburg, sondern auch aus anderen Bundesländern wie Niederösterreich, Oberösterreich und der Steiermark. Die meisten von ihnen bieten in erster Linie saisonale Obst- und Gemüsesorten an, die nicht immer, aber sehr oft aus österreichischen Anbaugebieten kommen. Man kann sich dann entscheiden, ob man den Spargel aus Thalgau möchte, aus dem Eferdinger Becken oder aus dem Marchfeld. Wenn man das Angebot regelmäßig verfolgt, gewinnt man als Kunde mit der Zeit fundierte Kenntnisse über die verschiedenen Obst und Gemüseanbaugebiete in ganz Österreich.

Die Mehrzahl der Händler macht eine Winterpause. Einige kommen überhaupt nur einige Wochen im Jahr auf die Schranne. Das sind zum Beispiel Händler aus der Wachau, die mit Erdbeeren, Kirschen und Ribiseln beginnen, dann Marillen und Weinbergpfirsiche verkaufen und natürlich die Trauben von den Weinbergen. Wenn auch die Zwetschkensaison vorbei ist, verlassen sie die Schranne wieder bis zum nächsten Jahr. Noch kürzer, aber dafür sehr umsatzstark ist die Saison für einen Marillenbauern aus dem südlichen Niederösterreich, der drei bis vier Wochen lang seine eigenen Marillen anbietet und ein paar Sorten Wein aus eigener Erzeugung. Sein Kleinlastwagen, von dem herunter er verkauft, ist regelmäßig leer, wenn er die Schranne wieder verlässt, um den weiten Weg nach Hause anzutreten. Die lange Anfahrt lohnt sich für ihn, weil er wesentlich höhere Preise erzielt, als er das in Niederösterreich könnte.

Ähnlich verhält es sich mit dem Spargel. Zusätzlich zu dem üppigen Spargelangebot, das man bei nahezu allen größeren Gemüsehändlern auf der Schranne findet, bekommt man für einige Wochen von einem Biobauern aus Thalgau seinen selbst gezogenen Spargel und an einem weiteren Standel gibt es für kurze Zeit Biospargel aus dem Marchfeld in allen Größen.

Zur Schwammerlzeit wachsen dann, buchstäblich wie die Schwammerln, einige Standeln mit Eierschwammerln und Steinpilzen aus dem Boden. Auch sie bleiben nur für die Zeit, in der nicht nur das Angebot an Pilzen groß ist, sondern auch die Nachfrage.

Einige große Obst- und Gemüsehändler bleiben aber, wie gesagt, auch den Winter über auf der Schranne. Sie sorgen dafür, dass man neben dem winterlichen Lagergemüse auf der Schranne auch all das bekommt, was aus fernen Ländern herangekarrt wird. Es gibt genug Kunden, die sich bei aller Liebe zu regionalen Produkten auch im Winter nicht gerne einschränken lassen. Besonders deutlich wird das auf der Schranne vor Weihnachten. Da dürfen die Beilagen gerne etwas exotischer sein.

Neben Obst und Gemüse gehören auch Fleisch, Speck und Würste zu den dominierenden Produkten auf der Salzburger Schranne.

Allein 14 gewerbliche Metzger aus Salzburg und aus dem Innviertel bieten jeden Donnerstag auf dem Markt ihre Erzeugnisse an. Dazu kommen noch zehn weitere Standeln, die als landwirtschaftliche Selbstvermarkter gelten. Sie führen Fleisch und Würste, die von den Tieren stammen, die sie auf ihrem eigenen Hof halten. So haben Schrannenbesucher die Möglichkeit, das ganze Jahr über aus einer schier unglaublichen Fülle und Vielfalt auszuwählen.

Da gleicht keine Wurst der anderen, auch wenn sie den gleichen Namen trägt. Als geübter Käufer auf der Schranne weiß man natürlich, wer die besten fertigen Hascheeknödel hat, bei wem die Würstel am besten schmecken und wessen Leberkäse eine besondere Gaumenfreude ist. Allein die Auswahl an verschiedenen Bratwürsten lässt keinen Wunsch offen, man entdeckt köstliche Schinkenspezialitäten, Gustostückerl vom Rind aus Mutterkuhhaltung, vom Lamm und vom Kitz. Man weiß, bei welchen Metzgern oder Selbstvermarktern man immer beste Qualität bekommt und bei wem man auch vertrauensvoll eine neue Kreation probieren kann.

Für Fleisch und Würste gilt das gleiche wie für alle anderen landwirtschaftlichen Produkte, die auf dem größten Wochenmarkt Österreichs angeboten werden. Viele sind von so hervorragender Qualität und so außergewöhnlich, dass man viel Zeit und Mühe aufwenden müsste, um sie zu bekommen, gäbe es die Schranne nicht. Das kann man aber nicht von allen Produkten

behaupten, denn so manches auf der Schranne ist auch nur Dutzendware, für die man keine Umwege in Kauf nehmen müsste.

Wenn man das Geschehen auf der Schranne beobachtet, merkt man aber, dass Geschmack etwas höchst Subjektives ist und während der eine auf ein ganz bestimmtes Standel schwört, würde der andere keinen Fuß dorthin bewegen.

Ein ganz eigenes Kapitel auf der Schranne ist der Käse. Zehn verschiedene Marktfahrer bieten neben einigen Selbstvermarktern Milch und Milchprodukte an. Der Käse stammt oft aus eigener Erzeugung oder von kleinen Privatkäsereien in Salzburg, Oberösterreich und dem Waldviertel, von Tiroler oder Vorarlberger Almen und seltener auch aus Italien oder Frankreich. Die Vielfalt ist groß und die Qualität sehr oft so, dass Käseliebhaber ins Schwärmen kommen. Kein Standler sagt Nein, wenn man einen neuen Käse erst einmal kosten möchte, viele bieten auch regelmäßig Kostproben an, um die Kauflust zu erhöhen. Dass der angebotene Käse frisch heruntergeschnitten wird und nicht bereits seit Tagen oder Wochen in einer Folie vor sich hin dämmert, versteht sich auf der Schranne von selbst. Neben Käsesorten in vielen verschiedenen Geschmacksrichtungen und Reifegraden, aus der Milch von Kühen, Ziegen und Schafen gibt es natürlich auch Topfen- und Gervais-Sorten in reicher Auswahl und offenen Sauerrahm, woraus man mit einigem Geschick die verschiedensten Aufstriche zubereiten kann. Wem dafür die Zeit oder die Lust fehlt, der kann natürlich zu den unzähligen hausgemachten Aufstrichen greifen, für die so manches Käsestandel geradezu berühmt ist.

Neun Bäckereien sind auf der Schranne mit einem großen Sortiment an Spezialbroten und Backwaren vertreten. Da findet man natürlich alle denkbaren Arten von Kleingebäck, Brioche-Erzeugnissen, Weißbrot in vielen Variationen und nicht zuletzt Schwarzbrot. Die einen sind mit Natursauerteig gemacht, die anderen kommen aus dem Holzofen, viele sind aus biologischem Getreide und ebensolchen Zutaten, wieder andere sind mit Nüssen, mit Karotten

oder ganzen Körnern angereichert. Da gibt es Roggenbrote, gemischte und helle Weizenbrote, sie haben verschiedene Namen und unterscheiden sich deutlich im Geschmack.

Brot und Backwaren, süß oder sauer, werden aber noch zusätzlich bei den Kistenstandlern angeboten und bei einigen größeren Selbstvermarktern. Wer regelmäßig oder wenigstens öfter auf die Schranne kommt, lässt sich natürlich auch beim Brot kein „X" für ein „U" vormachen. Manche fahren sogar speziell wegen einer bestimmten Sorte Brot auf die Schranne und können sehr gut unterscheiden, welches Brot wirklich eine Besonderheit ist und welches sich in nichts von so manchen industriell hergestellten Weckerln unterscheidet, bei denen man viel eingeschlossene Luft recht teuer kauft.

Die Geflügelhändler sind zwar zahlenmäßig nicht so bedeutsam, es gibt nur drei Standeln, die sich ausschließlich auf Geflügel spezialisiert haben, aber ihr Angebot lässt nichts zu wünschen übrig. Da gibt es den einen, der Hendl und Hendlteile nicht nur frisch anbietet, sondern von früh am Morgen bis zum Schluss der Schranne um 13 Uhr unzählige Abnehmer für seine Hendlkeulen und Hendlbrüste findet, die frisch herausgebacken mit Erdäpfelsalat zu haben sind.

Der andere führt in bescheidenerem Maße auch fertig Gebackenes und dazu noch eine reiche Auswahl an Federvieh. Da bekommt man das ganze Jahr über neben den Hühnern aus konventioneller Zucht auch Biohendl, da gibt es Enten- und Truthahnfleisch, Gänse und Würste und Schinken aus Geflügelfleisch. Der dritte schließlich hat sich auf Putenfleisch spezialisiert und bietet Donnerstag für Donnerstag neben den üblichen Frischfleischsorten der Pute eine große Auswahl an Putenzubereitungen, die fix und fertig gewürzt, gerollt, gewickelt, gefüllt, in Strudelform, in Aspik oder als geräucherte Spezialitäten dem Kunden nicht mehr viel an Kochkunst und Zeit abverlangen, bevor er sie zu Hause auf den Teller bringt.

Die Anzahl der Fischstände ist mit ebenfalls drei Ständen leicht überschaubar, aber dafür

ebenso ausgesprochen unverzichtbar. Jeder der drei hat seine Stärken und das macht sich in einem recht differenzierten Angebot bemerkbar. Bei dem einen Händler gibt es hauptsächlich Forellen und Saiblinge aus der eigenen Züchtung, die als ganze Fische zu haben sind, als Filets oder fertig gewürzt als Fischpfannen und Aufstriche.

Beim zweiten Standel sieht jeder Kunde gleich, wo die Schwerpunkte liegen. Es gibt neben hochwertigen Meeresfischen und Saiblingen aus eigener Züchtung vor allem eine Vielzahl an Salaten mit diversen Krusten- und Schalentieren und fertige Fischsuppen. Der dritte Händler punktet mit einem großen Angebot an heimischen Fischen, die nicht gezüchtet wurden, sondern Wildfang aus einem benachbarten bayrischen See sind. Das Angebot richtet sich dementsprechend nach der Jahreszeit und nach dem Anglerglück und wird ergänzt durch Meeresfische. Die Räucherfische, mit denen er zusätzlich aufwartet, werden oft erst am Tag zuvor in der eigenen Räucherei hergestellt.

Wer aufmerksam gelesen hat, weiß natürlich, dass die Aufzählung bisher noch längst nicht alle der rund 200 Standeln aufgelistet hat, die in der Hauptsaison so ziemlich alles führen, was das Herz eines Genießers höher schlagen lässt.

Da fehlen zum Beispiel noch die fünf Stände, die Honig von Bienen aus Salzburg oder aus dem Innviertel anbieten. Da findet man nicht nur Wald- und Blütenhonig in flüssiger, fester oder gerührter Form, sondern auch Met, Aufstriche mit Honig, Honigzuckerl und verschiedenste Produkte, die aus Propolis hergestellt wurden.

Es fehlen auch noch die drei Standeln, die sich auf ausländische Spezialitäten verlegt haben. Da gibt es zum Beispiel den Griechen, der eigentlich ein Bayer ist, aber wegen der vielen griechischen Spezialitäten vom Olivenöl über Oliven, getrocknete Tomaten und Schafkäse bis hin zu verschiedenen Aufstrichen und gefüllten Gemüsesorten, die er anbietet, der Einfachheit halber „Grieche“ genannt wird. Ähnlich verhält es sich mit dem Italiener, der eigentlich ein Oberösterreicher ist und Spezialitäten aus Italien anbietet. Bei ihm findet man oft recht kostspielige Schmankerl. Wenn die Zeit da ist, bekommt man hier sogar weiße Trüffel.

Fehlt noch das dritte Standel in diesem Bunde und das bietet den Schrannenbesuchern eine Auswahl an Produkten ungarischer Herkunft.

Dass die Schranne besonders im Frühling und im Sommer zur Augenweide wird, dafür sorgen auch die Gärtner und Floristen auf dem Markt.

Es herrscht kein Mangel an Salat- und Gemüsepflanzen, an Blumenstöcken, an Balkon- und Gartenblumen, Rosenstöcken und anderen heimischen Gewächsen, die man auf der Schranne zur Verschönerung des eigenen Gartens oder der Terrasse erstehen kann. Allerdings ist die Saison für bestimmte Pflanzen recht kurz und die Konkurrenz in den Baumärkten heftig. Das ist wahrscheinlich der Grund dafür, dass ein heimischer Gärtner, der die Schranne beschicken möchte, sich nicht erst lange mit Wartelisten herumschlagen muss.

Wie es sich für einen bunten Markt gehört, finden sich neben den landwirtschaftlichen Produkten auch noch Anbieter mit diversen Haushalts- und Küchenartikeln, mit Salben, Pillen, Pülverchen und Elixieren, die unter den Begriff „Reformwaren" fallen. Vor allem im Winter, wenn doch einige der Standler mit landwirtschaftlichen Produkten ausfallen, mehren sich Anbieter mit Schmucksteinen, die auch noch heilende Kraft haben sollen, Stände mit einfachen Geschenkartikeln, mit fertig gemischten und abgepackten Tee- und Gewürzmischungen, mit Seifen und diversem Kleinkram. Das erweckt vor allem auf der rechten Seite der Kirche etwas den Eindruck von Beliebigkeit.

Manchen Uneingeweihten wird es vielleicht überraschen, dass es allein zehn verschiedene Stände gibt, die von Körben über Lederwaren, Schuhe, Hüte und Textilien vieles anbieten, was sich in Geschäften nur mehr schwer finden lässt und ein bisschen an die alten Kramer auf dem Land erinnert, die auch für die textile Versorgung der Dorfbewohner zuständig waren.

Die Gebühren für einen Stand auf der Schranne sind für viele überraschend günstig. Weil es in der Natur der Sache liegt, dass Gärtner und Gemüsebauern mehr Platz brauchen als beispielsweise einer, der Fleisch anbietet, haben sie einen günstigeren Tarif. Sie zahlen pro Quadratmeter, den sie benötigen, 77 Cent pro Schrannentag. Die höchsten Tarife, die bei den Versorgungsständen eingehoben werden – dazu gehören zum Beispiel die Würstelstände – machen pro Quadratmeter 1,38 Euro aus.

Die Gebühren, die an das Marktamt zu entrichten sind, können also nicht der Grund dafür sein, dass die Produkte auf der Schranne zwar in vielen Fällen außergewöhnlich gut, manchmal aber auch recht teuer sind. Natürlich muss man den großen Aufwand mit einberechnen, den manche Marktfahrer treiben müssen, bevor sie dem Kunden die Waren verkaufen können. Natürlich muss man mit einberechnen, dass der Verderb bei Obst und Gemüse, das stundenlang der Hitze oder der Kälte ausgesetzt ist, höher ausfällt als in einem normalen Geschäft. Natürlich muss man mit einberechnen, dass manche Marktfahrer weite Wege auf sich nehmen müssen, um zur Schranne zu kommen.

Dass die Preise aber bei den Standlern ziemlich gleich hoch sind, unabhängig von ihrer Wegstrecke oder vom kunstvollen Standaufbau, liegt auch an der Einigkeit der Marktfahrer. Wenn sie in der Früh sehen, dass andere mehr für die Marillen oder die Schwammerl verlangen, korrigieren sie die Preise gerne nach oben. Und wenn einer versucht, seine Äpfel konsequent billiger anzubieten, weil sein Aufwand sich in überschaubaren Grenzen hält, gibt es erfolgreiche Interventionen der übrigen Händler beim Marktamt und die führen dann sehr schnell zur Anpassung der Preise.

Von diesem Mechanismus profitieren natürlich auch die Kistenstandler, die das Wenige, das sie selbst erzeugt haben, für einen Preis an den Mann oder an die Frau bringen, von dem andere Landwirte nur träumen können. Anders würde sich ihr Durchhalten bei Wind und Wetter auch gar nicht rentieren.

Geübte Besucher wissen, das die Schranne nicht gerade in die Kategorie „Tiefpreisparadies“ fällt. Und mancher muss gut überlegen, womit er seine Einkaufstasche füllt. Wohlhabende Marktbesucher hingegen sind oft, ohne mit der Wimper zu zucken, bereit, für außerhalb der Saison angebotene Waren horrende Summen zu bezahlen. Hin und wieder hätte ich alles darauf verwettet, dass das eine oder andere Produkt seines Preises wegen unverkäuflich ist. Diese Wetten hätte ich alle glatt verloren.

Es wäre übertrieben zu behaupten, auf der Schranne fände man viele Produkte, die es dort und nur dort zu kaufen gibt. Wenigstens kenne ich keine Spezialität, die ausschließlich für den beliebtesten Wochenmarkt in Salzburg hergestellt wird. Zumal gar nicht so wenige Marktfahrer ja auch auf anderen Märkten in Salzburg, dem angrenzenden Oberösterreich und Bayern zu finden sind. Und mancher Bauer, der auf der Schranne Selbstgemachtes anbietet, verkauft seine Waren auch im eigenen Hofladen. Aber es ist gewiss keine Übertreibung zu behaupten, dass man nirgendwo sonst in Salzburg so viele Spezialitäten auf einem Fleck angeboten bekommt wie auf der Schranne.

Diese Spezialitäten können teils recht unspektakulär und nur denen ein Begriff sein, die sie schon gekauft haben und sie immer wieder kaufen, weil sie einfach etwas Besonderes sind.

Käse

Neben durchaus bekannten Marken aus Österreich, Italien oder, wenn auch eher seltener, aus Frankreich, bietet nahezu jedes Käsestandel wirkliche Raritäten an. Die kommen aus kleinen Privatkäsereien aus dem Salzburger Land, aus Vorarlberg, Tirol oder dem Waldviertel. Manchmal kann man gar nicht von einer Käserei sprechen, sondern nur von einem Bauern, der aus der Milch seiner Kühe eine einzige Sorte Käse macht und damit einen Marktfahrer beliefert.

Man entdeckt dann plötzlich, dass auch österreichischer Parmesan oder Mozzarella hervorragend schmecken kann, dass der Ziegenkäse aus dem Lungau nicht zufällig schon so oft mit Medaillen bedacht wurde, dass auch Magerkäse eine Offenbarung sein kann, wenn er aus dem Flachgau kommt und Hofkäse heißt, dass ein schlichter Topfen aus Adnet das Potenzial hat, einen süchtig zu machen, dass ein Ziegengervais aus Lochen besonders fein schmeckt und ein schnittfester Schafkäse aus dem Waldviertel um vieles besser sein kann als zum Beispiel ein herkömmlicher griechischer. Es ist schlicht unmöglich, alle Käsespezialitäten, die man Donnerstag für Donnerstag auf der Schranne

findet, hier aufzuzählen. Unbedingt erwähnenswert sind in diesem Zusammenhang aber noch die vielen verschiedenen Aufstriche aus Frischkäse, Rahm, Kräutern und Gewürzen. Neben Klassikern, die es das ganze Jahr hindurch gibt wie zum Beispiel dem „Erdäpfelkas", findet man immer wieder auch neue Varianten, deren Zutaten abhängig von der Jahreszeit wechseln.

Fleisch

Fleisch- und Wurstwaren sind das ganze Jahr über ein wesentlicher Bestandteil des Angebots auf der Salzburger Schranne. Es gibt einige Metzger, die noch selbst schlachten und die Tiere bei Bauern aus ihrer Umgebung kaufen. Das macht sich in der Qualität der Fleischwaren meist deutlich bemerkbar. Es gibt auch Bauern, die sich darauf spezialisiert haben, die Rinder, Schweine, Schafe oder Ziegen, die auf ihrem Hof heranwachsen, zu verarbeiten und auf der Schranne anzubieten. Wenn man hier jahrelang eingekauft hat und, wie ich das mache, auch immer wieder das eine oder andere kostet, kann man vieles mit geschlossenen Augen zuordnen. Man erkennt am Geschmack, von welchem Erzeuger der Speck kommt, das Geselchte, die Sulz, die Wurst oder der Schinken. Es gehört zweifellos zu den höchst erfreulichen Tatsachen auf der Schranne, dass sich viele Lebensmittel geschmacklich stark von denen unterscheiden, die das Nachbarstandel anbietet. So kann jeder etwas finden, das genau seinen Vorstellungen entspricht. Genau wie beim Käse ist es auch bei den Fleischwaren nicht möglich, die gesamte Fülle des Angebotes aufzulisten. Ich werde mich deshalb auf einige Beispiele beschränken.

Das Tauernlamm zählt zweifellos zu den begehrtesten Spezialitäten und ist abgesehen von der Schranne nur im Pinzgau zu bekommen. Das ganze Jahr über gibt es nicht nur frisches Fleisch vom Lamm, sondern auch Lammschinken und Lammwürste.

Seit relativ kurzer Zeit gehört auch Bisonfleisch zum vielfältigen Schrannenangebot und auch das hat seine Liebhaber schon gefunden. Es ist intensiver im Geschmack als normales Rindfleisch und nicht marmoriert, also sehr mager.

Die Rindfleischauswahl ist auf der Schranne besonders groß. Neben den handelsüblichen Sorten findet man Fleisch vom Pinzgauer Rind, von Angusrindern und besonders beliebt bei Rindfleischkennern ist das Angebot von Biorindfleisch aus dem Lungau, das aus Mutterkuhhaltung stammt.

Ein Bauer aus dem nahen oberösterreichischen Lochen hat sich auf Ziegen spezialisiert. Er bietet jeden Donnerstag frisches Ziegenfleisch an, Würste und natürlich verschiedene Sorten von Ziegenkäse.

Das Putenfleisch ist ein ganz eigenes Kapitel. Dass es auf einem Markt Putenfleisch gibt, ist ja beileibe nicht ungewöhnlich. Sehr ungewöhnlich ist hingegen die Fülle an verschiedenen Zubereitungen, die immer wieder zum Staunen anregt. Da findet man je nach Saison Putenfleischrollen gefüllt mit Bärlauch, mit Eierschwammerln, und einfach mit allem, was man mit Fleisch umwickeln kann. Zudem gibt es unzählige Variationen von geschnetzeltem Putenfleisch mit verschiedenen Gemüsearten, bereits fix und fertig gewürzt.

Wie unglaublich groß die Vielfalt auf Salzburgs beliebtestem Wochenmarkt ist, wird möglicherweise bei einem so alltäglichen Produkt wie es der Leberkäse ist, am augenscheinlichsten. Da gibt es nicht nur den ganz normalen Leberkäse, der sich natürlich geschmacklich bei den einzelnen Erzeugern unterscheidet und bei manchen herausragend gut schmeckt, sondern viele weitere Varianten. Da gibt es Leberkäse, der ausschließlich aus magerem Fleisch besteht, das von den hofeigenen Schweinen kommt. Da gibt es Leberkäse aus magerem Rindfleisch, angereichert mit Rapsöl. Da gibt es Leberkäse aus Lammfleisch, aus Bisonfleisch und aus Putenfleisch.

Wild

Wildliebhaber kommen auf der Schranne ebenfalls auf ihre Kosten. Es gibt, natürlich abhängig von der Saison, keine heimische Wildart, die man dort nicht finden könnte. Rehe, Hirsche, Wildhasen, Wildschweine, Gämsen und natürlich auch Fasane verursachen die Qual der Wahl.

Fisch

Zu den Spezialitäten auf der Schranne gehören auch die Fische. Das Angebot reicht von Muscheln, Austern und anderen Meeresfrüchten über Meeresfische, gezüchtete Süßwasserfische und Seefische aus Wildfang. Besonders begehrt sind die frisch gefangenen Fische aus dem bayrischen Wagingersee, die jeden Donnerstag auf der Schranne zu finden sind.

Gemüse

Dass das Angebot an heimischem Gemüse, das häufig ganz frisch von stadtnahen Feldern wie zum Beispiel aus Wals kommt, unglaublich reichhaltig ist, habe ich schon an anderen Stellen ausführlich geschildert. Mindestens eine dieser Spezialitäten verdient aber noch eine gesonderte Erwähnung und das ist das Walser Sauerkraut. Es ist mild und trotzdem sehr geschmackvoll und wird noch immer so hergestellt, wie es schon die Vorfahren der Gemüsebauern gemacht haben. Dieses Sauerkraut gibt es natürlich offen zu kaufen.

Eine Besonderheit muss ich zum guten Schluss noch anfügen und das sind die Lungauer Bioerdäpfel. Zum Glück muss man die korrekte Lungauer Aussprache der „Eachtlinge“ nicht beherrschen, wenn man sie auf der Schranne verlangt. Man kauft sie, kocht sie, genießt ihren unvergleichlichen Geschmack und das reicht völlig aus.

Wenn ich jetzt die Aufzählung von besonderen Schrannenspezialitäten beende, höre ich förmlich die Proteste der Leser. „Das hätte sie noch erwähnen müssen, ganz zu schweigen von dem, und da gibt es doch noch und ich gehe extra wegen ... auf die Schranne.“ Ich weiß natürlich, wie unvollständig meine Liste ist, aber ich weiß auch, dass sie niemals vollständig sein könnte, weil es auf der Schranne tatsächlich fast alles gibt, was das Feinschmeckerherz begehrt.

Standler und Kunden – fast eine Liebesgeschichte

Zwischen vielen Stammkunden und ihren Standlern hat sich im Laufe der Jahre eine Beziehung entwickelt, die über das bloße Geschäftliche weit hinausgeht. Man kennt sich und weiß vieles voneinander, und dieses Wissen umspannt oft mehrere Generationen. Wenn man schon bei der Mutter eines Standlers oder einer Standlerin oder gar schon bei der Großmutter eingekauft hat, dann will man natürlich wissen, wie es ihr geht und ob sie immer noch so gesund und fit ist, wie damals an

den Donnerstagen auf der Schranne. Und wenn man dann vom Tod eines ehemaligen Standlers erfährt oder gar miterlebt, dass jemand, bei dem man noch kürzlich eingekauft hat, überraschend gestorben ist, dann spürt man allenthalben echte Betroffenheit und Trauer.

Umgekehrt bleibt natürlich auch das Familienleben der Stammkunden kein Geheimnis. Man kennt die Vorlieben des jeweiligen Partners, was das Essen betrifft, bespricht das Wohl und Wehe der Kinder und nimmt Anteil an Krankheiten, die so im Laufe der Jahre daherkommen.

Nicht selten hört man: „Haben sie“ oder „hast du von dem oder der gehört, wie es ihm oder ihr jetzt geht? Ich vermisse sie jetzt schon seit einigen Donnerstagen.“ Das vermittelt ein Gefühl des Aufgehobenseins, ein Gefühl, als wäre man Teil einer sehr großen Familie, eben der Schrannenfamilie.

Wenn der Standler des Vertrauens einem sagt, dass man heute unbedingt das eine oder andere kaufen sollte, dann kann man sich meist blind darauf verlassen. Kein Wunder, dass es auch immer wieder vorkommt, dass sich Kunden dann bedanken mit einem Becher Kaffee, den sie von einem der nahegelegenen Cafés holen, mit einem Stück selbst gemachten Kuchen oder einer anderen Kleinigkeit.

Das erlebt man natürlich nicht bei allen Standeln, sondern nur bei denen, die mit Leib und Seele Marktfahrer sind. Ihnen merkt man die Freude an, ihren Kunden etwas verkaufen zu können, was sie selbst gut finden.

Ganz typisch dafür ist eine Szene mit einer Gemüsebäuerin aus Wals, die ich so am Rande miterlebt habe. Ein Kunde verlangt einen bestimmten Salat. Die Bäuerin packt ihn ein, reicht ihn dem Kunden und sagt mit strahlenden Augen zu ihm: „Da werden sie eine Freude haben beim Essen. Der ist im Moment einfach unglaublich gut. Ich habe ihn gestern am Abend gemacht und alle waren begeistert.“

Da merkt man einfach, dass es nicht nur um das Verkaufen geht, sondern um die Freude am Produkt und um die Freude, den Kunden auch wirklich etwas Gutes einpacken zu können.

Oder da gibt es den Fleischhauer, der gerade einen neuen Schinken oder eine neue Wurstsorte anbietet und der dann euphorisch sagt: „Das musst du jetzt unbedingt kosten. Was sagst du dazu? Schmeckt es dir?“ Und er erwartet eine ehrliche Antwort. Wenn man tatsächlich begeistert ist, dann verstärkt sich seine Freude über die gelungene Neuheit noch um einiges und wenn man nicht ganz überzeugt ist, setzt er sich auch damit ernsthaft auseinander.

Oder da gibt es den Obst- und Gemüsehändler, der einem eine Orange zum Kosten anbietet, die unvergleichlich süß und aromatisch schmeckt und dann voller Begeisterung erzählt, dass sie aus Sizilien kommt, von einem speziellen Orangenbauern, der zwar nicht viele Orangen, aber dafür eine sensationelle Qualität liefert.

Bevor jetzt der Eindruck entsteht, die Schranne wäre eine wahre Insel der Seligen, ist es Zeit für einige Einschränkungen.

Nicht allen Marktfahrern geht es um die Zufriedenheit der Kunden, manchen geht es einfach nur um das gute Geld, dass sie dort zweifellos verdienen können. Und das merkt man auch als aufmerksamer Kunde. Man spürt, dass die Freundlichkeit keine echte ist oder stößt sogar auf Unfreundlichkeit. Und natürlich passiert es auch, dass man um teures Geld etwas kauft, und erst zu Hause merkt, dass man sich das Geld besser gespart hätte. Und es passiert auch, dass sich ein Standler zu seinen Gunsten verwiegt und zwar nicht nur einmal, sondern öfter. Diese wenigen schwarzen Schafe sind unter den Standlern bekannt und auch beim Marktamt, dessen Beamte jeden Donnerstag ausschwirren, kontrollieren und in jeder Hinsicht nach dem Rechten sehen. Wenn sich die Beanstandungen bei einem Marktfahrer häufen, läuft er Gefahr, dass sein Vertrag nicht mehr verlängert wird.

Selbstredend sind auch die Kunden nicht alle reine Engel. Es gibt auch welche, die an allem und jedem etwas auszusetzen haben und ihre schlechte Laune beim Einkaufen abreagieren möchten. Und da gibt es auch besonders findige Kunden, die mit viel Geschick zu Gratiseinkäufen kommen wollen. Ein besonders originelles Beispiel hat mir eine Fischhändlerin erzählt. Da kam ein älterer Mann zu ihr und erzählte wortreich, welche Fische er in der Vorwoche gekauft hat. Zu Hause stellte er dann fest, dass zwei besonders kostbare Exemplare, wiewohl bezahlt, nicht im Sackerl waren. Detailreich und erbarmungswürdig erzählte er dann auch noch, wie ihn seine Frau deswegen geschimpft hätte und von ihm verlangte, wenigstens heute die Fische zu bringen. Die Standlerin konnte sich zwar beim besten Willen weder an ihn noch an zwei übrig gebliebene, eingepackte Fische erinnern, aber weil im Trubel des Verkaufens schon einmal etwas passieren kann, packte sie ihm das Verlangte ein und entschuldigte sich für das Versehen.

Zwei Monate später war der Mann wieder da und erzählte die gleiche rührende Geschichte. Diesmal aber konnte sie sich sehr gut an ihn erinnern und noch besser an seine Geschichte. Und als sie die dann beim Nachbarstandel erzählte, hörte sie, dass der gute Mann mit dieser Vorstellung auch schon bei anderen mehr oder weniger erfolgreich sein Glück versucht hatte.

Aber auch hier gilt wie so oft der Spruch „Ausnahmen bestätigen die Regel“. Und die Regel hat mir ein Stammkunde auf der Schranne einmal so beschrieben: „Wenn einem die Standlerin schon von weitem zuruft, dass der Käse, nach dem man das letzte Mal vergeblich gefragt hat, heute wieder da ist und dazu noch besonders gut, dann weiß man, dass man da daheim ist.“

Hin und wieder kommt es sogar vor, dass ein Standler sich die Mühe macht, die Telefonnummer eines Stammkunden herauszufinden, um ihm zu sagen, dass an diesem Tag ein Produkt, nach dem er schon einige Zeit vergeblich gefragt hat, endlich im Angebot ist. Keine Frage, dass man sich als Kunde darüber besonders freut und man das Gefühl hat, dass auf der Schranne die Redewendung vom Kunden, der König ist, oft wirklich wörtlich genommen wird.

So mancher besonders freundliche Standler wiederum kann sich auch über kleine Aufmerksamkeiten der Kunden freuen.

Viele dieser Kleinigkeiten machen den Besuch auf der Schranne zu etwas, das über das bloße Einkaufen weit hinausgeht.

Die Schranne ist ein Wochenmarkt, dessen Entwicklung nie abgeschlossen sein wird und das ist auch gut so. Der Markt erneuert sich ständig selbst. Es wird umgestellt, das eine oder andere Standel verschwindet, neue kommen hinzu. Besonders spannend ist es, wenn neue Produkte ihren Weg auf die Schranne finden. Die Gesamtfläche der Schranne macht über 12.000 Quadratmeter aus, rund 3500 Quadratmeter davon nehmen die Standel und Verkaufswägen ein.

Die alten Verträge mit den Marktfahrern sind relativ starr. Da ist mehr oder weniger für alle Zeiten genau festgeschrieben, auf welchen Metern sich der Stand befindet. Und weil die meisten Marktfahrer von dieser Vereinbarung am liebsten keinen Zentimeter abweichen möchten, ist es oft gar nicht möglich, eine Veränderung vorzunehmen, auch wenn sie noch so wünschenswert wäre. Die neuen Verträge lassen da schon etwas mehr Spielraum. Josef Breuer, der Leiter des Marktamtes, macht sich, gerade weil ihm die Schranne sehr am Herzen liegt, immer wieder Gedanken über Neuerungen, die das Blühen und Gedeihen der Schranne auch in Zukunft garantieren sollen.

Die wesentlichste Veränderung, die noch in diesem Jahr geplant ist, ist die Einbeziehung der Biostandel, die seit Jahren vor dem Schloss Mirabell stehen, und bisher offiziell nicht zur Schranne gehört haben. Sie werden in naher Zukunft Teil des Schrannenmarktes sein und sollen in der Faberstraße ihren Platz finden. Das trägt auch der gesteigerten Nachfrage an Bioprodukten Rechnung, die schon in den vergangenen Jahren dazu geführt hat, dass immer mehr Bioprodukte angeboten wurden. Dieser Trend wird sich aller Voraussicht nach noch verstärken.

Auf der Schranne wird das oft geforderte Konzept, stärker auf regionale Produkte zurückzugreifen, die naturnah produziert werden und über kurze Wege zum Verbraucher kommen, bereits in einem hohen Maß umgesetzt. Das freut die Kunden, hilft den Bauern in und um Salzburg und es bringt auch der Stadt einen Vorteil. Von den rund 560.000 Euro an Einnahmen, die alle Märkte der Stadt zusammen im Jahr bringen, stammt der Hauptteil von der Schranne.

Wenn es um das Wetter geht, hört man oft die Klage, dass die Jahreszeiten kaum noch zu bemerken sind. Der Winter ist kein richtiger Winter mehr, der Frühling kommt spät und kaum bemerkt man ihn, ist er auch schon wieder vorbei und der Sommer ist, abgesehen von den raren sogenannten Jahrhundertsommern, nicht selten kühl und verregnet. Einzig der Herbst kommt in unseren Breiten relativ gut davon.

Wer regelmäßig auf der Schranne einkauft und in erster Linie auf das heimische Angebot setzt, nimmt jede Jahreszeit intensiv wahr und freut sich über jedes lang ersehnte Lebensmittel, wenn es endlich, der Saison entsprechend, auf der Schranne zu finden ist.

Frühling auf der Schranne

Der Frühling ist die Jahreszeit auf der Salzburger Schranne, auf die ich mich schon wochenlang vorher freue und ich bin damit sicherlich nicht allein. Den meisten Standlern und Marktgehern geht es vermutlich genau so. Der Frühlingsbeginn auf der Schranne fällt nicht unbedingt mit dem 21. März zusammen. Er beginnt genau dann, wenn die ersten noch recht kleinen Büschel Bärlauch auftauchen bei einem der Kistenstandler und wenn die ersten zarten Pflänzchen der echten Brunnenkresse ihren Weg auf die Schranne gefunden haben und die Standler, die eine Winterpause eingelegt haben, nach und nach wieder den Marktplatz besiedeln. Oft geht die pflanzliche Wiederauferstehung auf der Schranne Hand in Hand mit der österlichen Auferstehung und wenn das Wetter mitspielt, wird die Osterschranne zu einem einzigen Fest der Sinne.

Die Gärtner und Floristen locken mit Palmbuschen, österlichen Gestecken und den ersten heimischen Frühlingsboten wie Tulpen, Ranunkeln und Hyazinthen in Töpfen. In den Osternestern, die zum Verkauf angeboten werden, sitzen Hasen und Hennen aus duftendem Heu und die Ostereier leuchten in allen Farben. Selbst die Butter bei den Käsestandeln nimmt die Form von Lämmern und Osterhasen an und erlebt in dieser Verkleidung auch gleich

einen gewaltigen Preissprung nach oben. Aber vor Festtagen schauen die, die es sich leisten können, nicht unbedingt auf den Preis. Bei den Bäckern warten die typischen Osterpinzen und die süßen Lämmer auf Feinschmecker, und ganz besonders köstlich sind die Osterfladen eines Biobäckers, die es ebenfalls nur um die Osterzeit herum gibt. Fleischliebhaber schätzen das riesige Angebot an Steaks, Koteletts und Keulen vom Milchlamm, das sich nicht nur bei den Standeln findet, die das ganze Jahr über Lammfleisch anbieten, sondern bei nahezu jedem Metzger. Ähnlich verhält es sich mit dem Fleisch von jungen Kitzen, das allerdings nicht ganz so begehrt ist wie das der Lämmer.

Ostern ist sozusagen die Verheißung auf die opulenten Genüsse, die der Frühling bietet. Das Angebot wird von Woche zu Woche reichhaltiger und auch bunter. Dafür sorgen allein schon die rot leuchtenden Radieschen und die weißen Radis, die zuhauf angeboten werden. In die vielen Grünschattierungen der Salate, die nach und nach kommen, mischen sich das Rot der Tomaten und das Gelb, Orange und das satte Grün der bunten Paprika, die zwar schon aus Österreich kommen, allerdings noch nicht vom Freiland.

Wenn dann die ersten Bündel Spargel aus südeuropäischen Ländern bei den Händlern auftauchen und sich die Erdbeerkörbchen häufen, dann weiß man, das wenig später auch österreichischer Spargel und österreichische Erdbeeren das Bild auf der Schranne prägen werden. Grüner Spargel, weißer Spargel und sogar violetter wird aus unseren klassischen Spargelgebieten angeboten, in allen Stärken und allen Größen. Noch auffälliger aber sind die Erdbeeren, die zu kleinen Bergen aufgeschüttet oder in Körbchen und Steigen in schier unglaublicher Zahl auf die Kunden warten. Sie sehen alle verlockend aus und riechen auch nach Erdbeeren. Da sie aber äußerst sensibel auf das Wetter reagieren, schmecken sie, nach ein paar Regentagen geerntet, schlimmstenfalls

nur nach Wasser. Kenner decken sich daher mit den süßen Früchten nur dann ein, wenn dem Donnerstag wenigstens einige sonnige Tage vorausgegangen sind.

Gartenbesitzer finden im Frühling auf der Schranne alle gängigen Salat- und Gemüsepflanzen und ab und zu auch Raritäten wie zum Beispiel alte Paradeisersorten, die sich nicht nur in der Form und oft auch in der Farbe von den herkömmlichen Tomaten unterscheiden, sondern auch im Geschmack.

Wirklich alles, was das Herz begehrt, finden die Liebhaber von Kräutern. Neben bekannten heimischen Kräutern und Klassikern aus dem Mittelmeerraum, die es in zahlreichen Variationen auf der Schranne gibt, kann man auch Gewürzpflanzen in Töpfen kaufen, die eigentlich auf anderen Kontinenten heimisch sind, zum Beispiel in Asien. Selbst die alten Klostergärten mit ihrem reichen Schatz an Kräutern wären beim Angebot auf der Schranne vermutlich vor Neid erblasst.

Es gäbe noch viele Produkte aufzuzählen, die speziell im Frühling auf der Schranne angeboten werden. Da wäre mindestens noch die erste Butter aus Grünfutter zu erwähnen, die besonders gut schmeckt und die Hollerblüten, die man entweder in Krapfenteig herausbacken oder zum Ansetzen eines Sirups verwenden kann. Wildliebhaber freuen sich auf den Maibock und Fischfreunde auf die Maischolle oder den frischen Aal und beinahe hätte ich die Morcheln vergessen, die es eine kurze Saison lang auch auf der Schranne gibt.

Kein Wunder also, dass gerade diese Jahreszeit von den meisten Schrannebesuchern sehnsüchtig erwartet wird. Man geht einkaufen und bringt buchstäblich den Frühling mit nach Hause in die Küche und auf den Teller.

Sommer auf der Schranne

Der Sommer auf der Schranne ist die Jahreszeit schlechthin für Obst und Gemüse. Alles blüht, alles duftet, und so ein gemütlicher Bummel über den Markt, am besten früh am Morgen, ist mit nichts zu vergleichen. Augen und Nase werden gleichermaßen angesprochen, ganz zu schweigen davon, dass einem das Wasser im Mund zusammenläuft beim Anblick der Köstlichkeiten, die da aufgehäuft vor einem liegen.

Da wären einmal die Kirschen, die hauptsächlich aus dem Burgenland, aus Niederösterreich und aus der Steiermark kommen. Bedauerlicherweise ist der Sortenreichtum nicht sehr groß. Wenn es gut geht, findet man gerade einmal drei verschiedene Sorten, aber die schmecken meist ausgezeichnet. Allerdings muss man beim Einkauf von Kirschen besonders aufpassen. Da gilt leider meist die Regel, je teurer, desto besser, und mit so manchem billigeren Angebot hat man dann zu Hause wenig Freude, weil man feststellen muss, dass ein Teil der Kirschen höchstens für den Biomüll taugt. Wirklich frische Kirschen haben feste grüne Stängel. Wenn man sieht, dass sie schon trocken und dünn sind, sollte man besser die Finger davon lassen und zum nächsten Standel gehen.

Die Marillen sind eine der Obstsorten, die von vielen ganz besonders sehnsüchtig erwartet wird. Besonders begehrt sind die Wachauer Marillen, die oft am längsten auf sich warten lassen. Gerade bei den österreichischen Marillen, die aus dem Marchfeld, dem Burgenland, dem Weinviertel und natürlich aus der Wachau auf die Schranne kommen, sollte man sich vielleicht nicht unbedingt auf ein Anbaugebiet einschwören. Es ist ratsam, sich durchzukosten, denn manchmal schmeckt eine Sorte aus einem weniger hochgelobten Anbaugebiet sogar außergewöhnlich gut und ist preislich etwas günstiger. Wenn man die Marillen zum Einkochen braucht, dann tut man gut daran, die Preise zu beobachten und nicht gleich am Beginn der Saison zu kaufen. Und bei den Marillen sind im Unterschied zu den Kirschen die makellosesten nicht immer die, die am saftigsten und am süßesten sind.

Sommerzeit auf der Schranne heißt natürlich auch Beerenzeit. Es gibt keine heimische Beerenart, die man nicht auf dem Markt finden könnte. Himbeeren, Heidelbeeren, Brombeeren, Ribisel, schwarzer Hollunder, schlicht alles, was bei uns gezüchtet wird oder was sich in Gärten und Wäldern findet. Besonders groß ist die Auswahl bei den Heidelbeeren oder Schwarzbeeren. Sie kommen aus dem Lungau, dem Pinzgau und dem Pongau, aber natürlich auch aus anderen Gegenden Österreichs und sind meistens sehr frisch und ausgesprochen gut. Aber auch bei den Beeren ist es wichtig, genau hinzuschauen und sich erst einmal eine Kostprobe geben zu lassen. Gerade die Standler, die bei ihren Waren auf höchste Qualität setzen, bieten die meist auch gerne an.

Gegen Ende des Sommers kommen dann die Preiselbeeren, die umso besser sind, je höher oben sie gewachsen sind. Sie haben zwar ihren Preis, aber sie sind qualitativ ungleich besser als die billigeren schwedischen Preiselbeeren, die auf der Schranne ebenfalls angeboten werden.

Wer gerne hausgemachte Marmeladen mag, sich aber die Mühe des Einkochens sparen möchte, kann sich ebenfalls auf der Schranne eindecken. Es gibt sie sortenrein und in verschiedensten Mischungen, die im Handel nicht erhältlich sind.

Ein Sommer auf der Schranne ohne üppiges Angebot an Schwammerln und Pilzen wäre wohl kein Sommer. Erst finden sich kleine Mengen an Eierschwammerln, die noch unerschwinglich sind und ein paar Steinpilze, deren Preise fatal an die der Trüffel erinnern, bis es dann endlich so weit ist, dass nicht nur die

Schwammerln in den Wäldern aus dem Boden schießen, sondern auch die zusätzlichen Standeln auf der Schranne, die wahre Berge von Eierschwammerln anbieten. Besonders begehrt sind die Lungauer Eierschwammerl. Sie sind vor allem am Beginn der Saison etwas kleiner als die aus anderen Gegenden und besonders schmackhaft. Bei der Größe des Angebots an Lungauer Eierschwammerln, das man nicht nur auf der Schranne findet, sondern inzwischen wirklich allenthalben, beschleicht einen allerdings der Verdacht, dass der Lungau mindestens dreimal so groß sein müsste, um so viele Schwammerl liefern zu können. Und so mancher Lungauer hat sich schon gewundert, dass es auf der Schranne schon die Eierschwammerl gibt, die er trotz intensiver Suche noch nicht finden konnte.

Aber das sollte man wahrscheinlich nicht so eng sehen, denn gute Eierschwammerl können natürlich auch aus anderen Gegenden kommen.

Der Sommer auf der Schranne macht den Einkauf für alle, die auf gesunde Ernährung wert legen, besonders leicht. Die Gemüsebauern aus Salzburg und den angrenzenden Gebieten liefern ihre Freilandprodukte frisch vom Acker. Gurken, Tomaten, Paprika, Chili und Co. schmecken so gut wie zu keiner anderen Jahreszeit.

Herbst auf der Schranne

Die Gerüche ändern sich, die Farben, und die Schranne bietet ein zwar verändertes, aber nicht weniger reizvolles Bild, als sie es im Sommer tut.

Das Blau der Zwetschken findet sich wieder bei den Trauben, die von den Weinbergen aus der Wachau, dem Burgenland, der Steiermark oder aus Südtirol kommen. Sie sind klein und süß und dass sie nur wenige Wochen zu haben sind, macht sie noch zusätzlich reizvoll. An den Verkaufstischen eines Salzburger Bauern, der sich auf Kürbisse spezialisiert hat, sieht man nicht nur mit Staunen, wie viele Sorten bei uns wachsen, sondern man bekommt die Anleitung zum Kochen auch gleich mit.

Die ersten frühen Apfelsorten bringen meist die Kistenstandler aus ihren Gärten mit. Sie sind zwar nicht gleich groß und frei von jedem Fleck, wie man das von den meisten Äpfeln in den Geschäften gewöhnt ist, aber dafür umso „g'schmackiger". Aber auch dann, wenn die Haupterntezeit der Äpfel angebrochen ist, findet man auf der Schranne wesentlich mehr Sorten im Angebot als im Handel üblich. Es lohnt sich, sich umzusehen und sich auch auf die Suche nach alten Sorten zu machen, die vereinzelt wieder auftauchen. Schon beim ersten Hineinbeißen in so ein Exemplar weiß man, dass sich die Mühe gelohnt hat.

Neben den vielen Nüssen tauchen bei den kleinen Standlern schön langsam auch die Kletzen auf, das sind die getrockneten Birnen, die man für das Kletzenbrot braucht, und die getrockneten Zwetschken.

Zwiebelzöpfe und Knoblauchgebinde lassen keinen Zweifel daran, dass man schön langsam an das Einlagern von Wintergemüse denken kann. Kraut und Kohl, Karotten und Sellerie prägen das Bild der Schranne und natürlich die Erdäpfel. Kenner greifen da vor allem zu den Lungauer Erdäpfeln. Die „Eachtlinge", wie sie dort heißen, sind nach Meinung vieler an Wohlgeschmack mit nichts anderem zu vergleichen, vor allem wenn sie aus biologischem Anbau kommen.

Im Herbst richtet sich das Augenmerk der Schrannenkunden zu Recht auch stark auf „fleischliche" Genüsse. Das Vieh kommt von den Almen herunter und das bedeutet ein verstärktes Angebot an besonders gutem Rindfleisch. Sehr gefragt ist zum Beispiel das Rindfleisch aus biologischer Muttertierhaltung aus dem Lungau, aber auch das Tauernlamm hat im Herbst nach dem Almabtrieb Hochsaison auf der Schranne. So eine frische Lammkeule, geschmort mit den richtigen Kräutern, die man gleich mitkaufen kann, lässt so manchen Schrannenkunden die Melancholie über das Verschwinden des oft als zu kurz empfundenen Sommers glatt vergessen.

Winter auf der Schranne

Ein wirklicher Schrannenliebhaber lässt sich durch sinkende Temperaturen nicht vom donnerstäglichen Einkauf auf der Schranne abhalten. Zu groß sind die Verlockungen im frühen Winter, der ja eigentlich nur ein gefühlter Winter ist,

weil wir laut Kalender noch immer Herbst haben. Das ist auf der Schranne die große Zeit für Wild und Federvieh. Reh, Hirsch, Wildschwein, Fasan und Wildhase sind in dieser Jahreszeit nicht wegzudenken. Für Wildliebhaber wird der Einkauf auf dem Markt zum absoluten „Muss“. Denn um ein ähnlich reiches Angebot zu finden, müsste man vermutlich lange suchen. Das gilt auch für Pasteten auf Wildbasis, für Hirschschinken und Hirschwürste.

Ebenso üppig ist das Angebot an Federvieh. Besonders um Martini herum gibt es eine Fülle von Gänsen und Enten in jeder Qualität, die von ganz außergewöhnlich gut bis zu Dutzendware reicht. Da ist man als Kunde gut beraten, wenn man einen Händler wählt, dem man vertraut, weil man mit ihm schon gute Erfahrungen gemacht hat.

Aber auch Geselchtes, Schinken und Würste und da ganz besonders Blut- und Leberwürste gehören zum Winter auf der Schranne. Wenn es draußen so richtig kalt ist, wächst die Lust auf einen saftigen Braten in der Pfanne, oder auf Kraut und Knödel merklich.

Am letzten Donnerstag vor Weihnachten läuft die Schranne zur Hochform auf, als würde sie sich noch einmal aufbäumen vor der ruhigeren Zeit, die sich dann am Anfang des neuen Jahres breitmacht. Die Weihnachtsschranne ist vermutlich die umsatzstärkste des gesamten Jahres. Da zieht es viele Salzburger auf die Schranne, weil sie sich und ihrer Familie zu den Festtagen etwas Besonderes gönnen möchten, und wo sonst ließen sich so viele Spezialitäten und Delikatessen finden wie auf diesem Wochenmarkt. Da findet man nicht eine Sorte Kletzenbrot, sondern zig verschiedene, die alle ihre Eigenart haben. Da weiß man, dass der Schinken beim einen Metzger so schmeckt und beim anderen wiederum ganz anders. Da ist Speck nicht gleich Speck und Knödel nicht gleich Knödel. Da findet man spezielle Käsesorten, die aus kleinen Privatkäsereien stammten und nirgends sonst zu haben sind, weil die Mengen nicht groß genug sind für den Handel.

Vieles von dem, was die Weihnachtsschranne bietet, findet man das ganze Jahr über, aber natürlich nicht immer in dieser Fülle. Und ein Weihnachtskarpfen schmeckt nun einmal anders als ein Karpfen, den man zwei Wochen zuvor auf den Tisch gebracht hat. Mit der Weihnachtsgans verhält es sich auch nicht anders und mit den Keksen, die auf der Schranne schon vor Weihnachten angeboten werden, schon gar nicht.

Frühling

Bärlauchsuppe

Erdbeer-Gazpacho

Weißer Spargel in der Folie
mit Zitrushollandaise

Lauwarmes Saiblingsfilet
mit marinierten Gartengurken
und Rote-Rüben-Ravioli

Topfen-Schmarren
mit Rhabarberkompott

Radieschensuppe
mit Topfenkräuternockerl

Zucchinicarpaccio
mit Parmesan
und buntem Spargelsalat

Gebackene Gemüseknödel
auf Brennnesselspinat

Gebackene Lammkugeln
in Bierteig auf Frühlingssalat

Topfenpalatschinkenauflauf
im Beerenreigen

Bärlauchsuppe

Petersilie und Bärlauch unter kaltem Wasser gut reinigen, trocken tupfen und von dicken Stielen befreien. Zusammen mit dem Sauerrahm zu einer dicken Paste pürieren und durch ein Sieb streichen. Dann die Bärlauch-Sauerrahm-Paste beiseite stellen.

Schalotten in der Butter glasig anschwitzen und mit dem Weißwein ablöschen. Zur Hälfte einkochen lassen, mit der Rindsuppe auffüllen und erneut etwas einkochen lassen. Die 150 ml Schlagobers mit Crème fraîche einrühren und die Suppe etwa 15 Minuten auf kleiner Flamme köcheln lassen.

Die Suppe durch ein feineres Sieb passieren und mit Zitronensaft, Salz und Pfeffer abschmecken. Die Suppe mit den kalten Butterwürfeln montieren und danach die Bärlauch-Sauerrahmpaste sowie das geschlagene Obers dazumixen.

Zutaten für 4 Personen

2 Schalotten,
in Streifen geschnitten
2 El Butter
120 ml Weißwein
600 ml Rindsuppe
150 ml Schlagobers
100 g Crème fraîche
Saft einer Zitrone
4 El kalte Butterwürfel
zum Montieren
4 El Schlagobers, geschlagen
100 g Petersilie
200 g Bärlauch
450 g Sauerrahm
Salz, Pfeffer aus der Mühle

Radieschensuppe mit Topfenkräuternockerl

Zutaten für 4 Personen

1 Bund Radieschen mit Blättern
1 kleine Porreestange, in feine Ringe geschnitten
1 l Gemüsefond
40 g Schalotten, fein geschnitten
100 g Erdäpfel, geschält und gewürfelt
4 El Schlagobers
30 g Butter
Salz, Pfeffer aus der Mühle

Topfenkräuternockerl

20 g Butter
40 g getrocknetes Weißbrot, gerieben
80 g Topfen
1 Ei
1 Tl gehackte Kräuter
Salz, Pfeffer aus der Mühle

Topfenkräuternockerl

Butter schaumig rühren, Ei, Topfen, Kräuter und geriebenes Weißbrot dazugeben. Mit Salz und Pfeffer würzen und 1 Stunde im Kühlschrank rasten lassen. Nun aus dem Teig Nockerl formen und in kochendem Salzwasser etwa 8 Minuten ziehen lassen.

Radieschensuppe

Dann die Radieschen waschen und die Blätter mit den Stängeln fein zusammenschneiden. Die Wurzeln in dünne Scheiben schneiden und in Salzwasser kurz blanchieren. Die Schalotten und Porreeringe in Butter ansautieren und mit Gemüsefond aufgießen. Dann die in Würfel geschnittenen Erdäpfel und die Hälfte der Radieschenscheiben dazugeben. Bevor die Erdäpfel weich sind, die gehackten Radieschenblätter hineinmischen und mit Salz und Pfeffer würzen. Mit einem Mixer pürieren und durch ein feines Sieb passieren.

In vier vorgewärmten Suppentellern anrichten. Die Nockerl dazugeben und mit den restlichen Radieschenscheiben und Obers garnieren.

Erdbeer-Gazpacho

Paprika schälen, entkernen und grob zusammenschneiden. Die Gurke ebenfalls schälen, entkernen und grob würfeln. Nun die Erdbeeren, den Knoblauch, das Weißbrot, Olivenöl und Essig dazumischen und alles pürieren.

Mit den Gewürzen abschmecken, mit der Minze garnieren und kalt servieren.

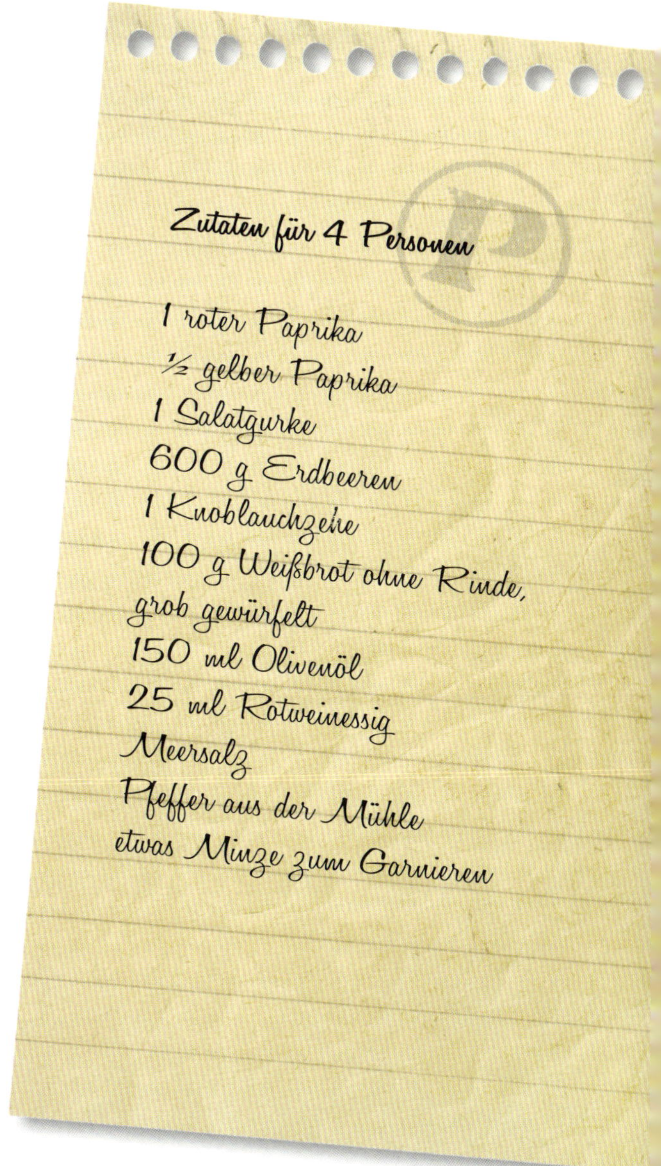

Zutaten für 4 Personen

4 kleine Zucchini
100 g Parmesan am Stück
5 El Olivenöl
3 El Balsamicoessig
Salz, Pfeffer aus der Mühle

Spargelsalat
250 g weißer Spargel, gekocht
250 g grüner Spargel, gekocht
150 g Paprika (rot, grün, gelb), fein geschnitten
50 g Zwiebel, fein geschnitten
80 g Tomaten, geschält, gewürfelt
4 El Balsamicoessig
4 El Olivenöl (Extra Vergine)
Salz, Zucker
Pfeffer aus der Mühle

Zucchinicarpaccio mit Parmesan und buntem Spargelsalat

Spargelsalat

Spargelspitzen etwa 4 cm lang abschneiden und zur Seite legen. Den restlichen Spargel in 1,5 cm lange Stücke schneiden und mit Tomaten, Paprika und dem Zwiebel vermischen.

Dann mit Balsamicoessig und Olivenöl, Salz, Pfeffer und Zucker würzen und etwas ziehen lassen.

Zuccinicarpaccio

Zucchini in dünne Scheiben schneiden und den Tellerrand damit auslegen.

Anschließend mit hellem Balsamicoessig, Olivenöl, Salz und Pfeffer marinieren. Dazwischen die Spargelspitzen anordnen und ebenfalls marinieren. Den Parmesan in dünne Scheiben schneiden und rundherum anordnen. In der Tellermitte den Spargelsalat anrichten.

Weißer Spargel in der Folie mit Zitrushollandaise

Den Spargel schälen und je 6 Stangen auf Alufolie legen (am besten auf zwei übereinander gelegte Bögen). Mit Salz und Zucker bestreuen. Die Butter zerlassen und über den Spargel verteilen. Die Folie über dem Spargel und seitlich sorgfältig zusammenfalten.

Dann die 4 Päckchen auf ein Backblech legen und mit Heißluft im 200 Grad heißen Ofen etwa eine halbe Stunde garen.

Zitrushollandaise

Die Limette heiß waschen und etwa von ¼ der Frucht die Schale abreiben. Den Saft auspressen und samt Orangensaft und Eidotter über einem heißen Wasserbad dickschaumig aufschlagen. Unter ständigem Rühren das Butterschmalz langsam einlaufen lassen. Mit Salz und Cayennepfeffer würzen und die Limettenschale untermischen.

Die Spargelpäckchen bei Tisch öffnen und mit Schnittlauch oder Kresse bestreuen. Die Zitrushollandaise dazu servieren.

Zutaten für 4 Personen

24 Stangen weißer Spargel
90 g Butter
2 El Schnittlauch, geschnitten
Salz, Zucker

Zitrushollandaise
1 Limette
Saft von 1 Orange
3 Eidotter
100 g Butterschmalz, geschmolzen
Salz, Cayennepfeffer

Gebackene Gemüseknödel auf Brennnesselspinat

Zutaten für 4 Personen

Gemüseknödel

1 gelbe Zucchini
1 grüne Zucchini
1 roter Paprika
½ Zwiebel
1 Karotte
1 kleiner Kohlrabi
2 mehlige Erdäpfel
gehackte Kräuter (Petersilie, Majoran, Thymian)
1 Knoblauchzehe (oder Bärlauch)
Salz, Pfeffer aus der Mühle
4 Scheiben Toastbrot
1 Ei zum Panieren
2 Eidotter
2 El Butter
Mehl

Brennnesselspinat

400 g junge Brennnesseln
300 g Blattspinat
1 große Zwiebel, fein geschnitten
50 g Butter
250 ml Schlagobers
Salz, Pfeffer

Gemüseknödel

Die Erdäpfel mit der Schale in Salzwasser kochen, schälen und zerdrücken oder passieren. Währenddessen das Gemüse waschen, putzen, schälen und in kleine Würfel schneiden. Butter in einer Pfanne zergehen lassen, das Gemüse ansautieren, die Kräuter und den Knoblauch zugeben, würzen und mit den zerdrückten Erdäpfeln vermischen. Überkühlen lassen und die Eidotter darunterrühren.

Toastbrot in kleine Würfel schneiden. Aus der Erdäpfel-Gemüsemasse kleine Knödel formen und in Mehl, Ei und den Toastbrotwürfeln panieren. Zum Schluss in heißem Fett herausbacken und auf dem Brennnesselspinat anrichten.

Brennnesselspinat

Brennnesseln und Spinat waschen und mit kochendem Wasser überbrühen. Abseihen und fein zusammenschneiden. Die fein geschnittenen Zwiebeln in Butter ansautieren, Brennnesseln und Spinat dazugeben, mit Obers aufgießen, sämig reduzieren und würzen.

Lauwarmes Saiblingsfilet mit marinierten Gartengurken und Rote-Rüben-Ravioli

Zutaten für 4 Personen

Ravioli

2 gekochte Rote Rüben
250 g mehlige Erdäpfel, gekocht und ausgedämpft
500 g Mehl (Type 405)
100 ml Wasser
etwas Mehl zum Ausrollen
1 Eiklar zum Bestreichen
Saft von einer Zitrone
Balsamicoessig, Salz, Pfeffer
Butter zum Schwenken

Fortsetzung auf der nächsten Seite...

Ravioli

Für den Ravioliteig die noch heißen Erdäpfel durch die Presse drücken. Mit Mehl, einer kräftigen Prise Salz und dem Wasser zu einem glatten Teig kneten. Diesen zur Kugel formen, in Klarsichtfolie wickeln und 1 Stunde im Kühlschrank ruhen lassen.

Für die Fülle die Hälfte der Roten Rüben fein würfeln, den Rest pürieren. Beides mischen und mit Salz, Pfeffer, Zitronensaft und Balsamico abschmecken. Den Ravioliteig dünn ausrollen, und eine Hälfte mit Eiklar bestreichen. In kleinen Abständen die Füllung aufsetzen, die zweite Teighälfte darüberklappen und leicht andrücken. Ravioli ausstechen, in Salzwasser 3 Minuten garen, abtropfen lassen und in heißer Butter schwenken.

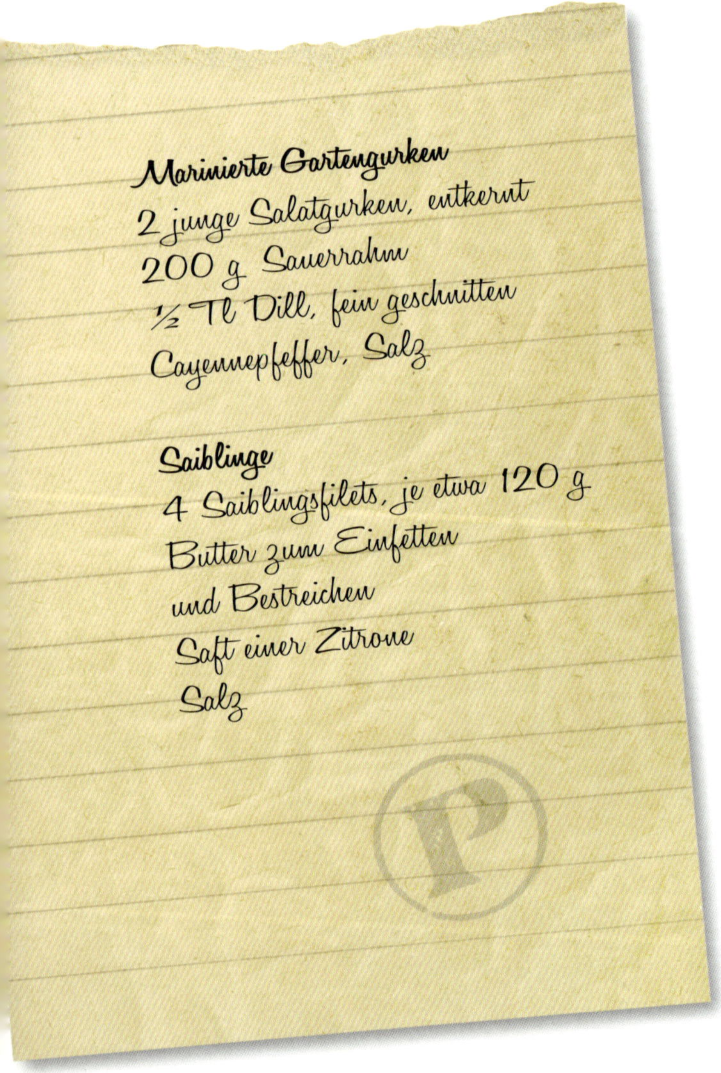

Marinierte Gartengurken

Die Gurken schälen und am besten mit einer Aufschnittmaschine oder einem Spargelschäler der Länge nach in 3 Millimeter dicke Scheiben schneiden. Diese dann zu feinen Nudeln schneiden, und kurz in Salzwasser blanchieren. Anschließend gleich in Eiswasser abschrecken und gut abtropfen lassen. Die Gurkennudeln mit Sauerrahm, Salz, Cayennepfeffer und Dill abschmecken.

Saiblingsfilets

Die Saiblingsfilets beidseitig salzen. Ein Backblech mit Butter einfetten, die Filets nebeneinander darauflegen. Mit etwas zerlassener Butter bestreichen und mit dem Zitronensaft beträufeln. Dann fest mit Klarsichtfolie verschließen und den Fisch auf der unteren Schiene des auf 80 Grad vorgeheizten Ofens 12 Minuten garen.

Die Gurkennudeln auf die Teller verteilen und den Saibling darauflegen. Die Ravioli dazu anrichten.

Gebackene Lammkugeln in Bierteig auf Frühlingssalat

Bierteig

Mehl mit Olivenöl, Bier, Eidotter und Salz glatt rühren. Eiklar zu Schnee schlagen und vorsichtig unter die Masse ziehen.

Dann Zucchini, Zwiebel und Champignons ganz kleinwürfelig schneiden und in Öl ansautieren. Mit Knoblauch, Salz und Pfeffer würzen und überkühlen lassen. Die feingehackten Kräuter, das Weißbrot, Fleisch und Gemüse zusammenmischen. Ei dazugeben und mit Salz und Pfeffer würzen. Kleine Kugeln formen und diese durch den Bierteig ziehen. Im heißen Öl herausbacken.

Frühlingssalat

Den Frühlingssalat und die Keimlinge vermischen und mit Essig, Öl, Salz und Pfeffer würzen.

Frühlingssalat

200 g Frühlingssalat (Vogerlsalat, Löwenzahn, Spitzwegerich, …)
200 g gemischte Keimlinge
Himbeeressig, Olivenöl
Salz, Pfeffer aus der Mühle

Zutaten für 4 Personen

280 g faschiertes Lammfleisch
100 g Weißbrot, kleinwürfelig geschnitten
30 g Champignons
30 g Zucchini
30 g Zwiebel
1 Ei
2 Knoblauchzehen, fein geschnitten
2 El Pflanzenöl
Rosmarin, Thymian, Majoran
Petersilie
Salz und Pfeffer
Öl zum Herausbacken

Bierteig

300 g Mehl
5 cl Olivenöl
250 ml Bier
4 Eiklar
2 Eidotter
Salz

Topfen-Schmarren mit Rhabarberkompott

Zutaten für 4 Personen

Rhabarberkompott

1,5 kg Rhabarber
125 ml Weißwein
100 g Erdbeeren
1 Vanilleschote
150 g Zucker
½ Zimtstange

Topfenschmarren

4 Eier, davon zwei getrennt
120 g Zucker
Mark einer Vanilleschote
abgeriebene Schale einer Zitrone
140 g Topfen
80 g Mehl
2 cl Rum
Butter
Staubzucker zum Bestreuen

Rhabarberkompott

Den Rhabarber schälen und ⅓ davon in kleine Würfel schneiden. Auch die Erdbeeren klein schneiden. Beides zusammen mit Weißwein, Zucker, Vanilleschote und Zimtstange einkochen. Anschließend Vanilleschote und Zimtstange herausnehmen und die Masse pürieren. Den restlichen Rhabarber in etwa 3 cm lange, schräge Stücke schneiden und zum Rhabarberkompott geben. Einmal aufkochen lassen und beiseite stellen.

Topfenschmarren

2 ganze Eier und 2 Eidotter schaumig schlagen und dabei nach und nach 80 g Zucker einrieseln lassen. Vanillemark und Zitronenschale hinzufügen und weiterschlagen, bis sich der Zucker gelöst hat. Den Topfen und das Mehl zugeben und alles locker von Hand untermischen. Eiklar steif schlagen und dabei den restlichen Zucker einstreuen. Den Eischnee samt Rum unter den Teig heben.

Teig in einer beschichteten Pfanne mit Butter kurz anbacken und dann für etwa 10 Minuten bei 220 Grad ins Rohr stellen. Den Schmarren mit zwei Gabeln in Stücke reißen, mit Staubzucker bestreuen und mit dem Rhabarberkompott anrichten.

Topfenpalatschinkenauflauf im Beerenreigen

Palatschinken zubereiten (Basisrezept Seite 141). Dann Butter, Staubzucker, Vanillezucker und Zitronenschale schaumig schlagen, nach und nach die Eidotter einrühren und zum Schluss Topfen und Sauerrahm hineinmischen. Eiklar, Kristallzucker und Salz zu Schnee schlagen und unter die Topfenmasse ziehen. Masse auf Palatschinken dünn aufstreichen, diese zusammenrollen und für 2–3 Stunden in den Tiefkühler geben.
Anschließend sechs Kaffeetassen mit Butter ausstreichen und mit Kristallzucker ausklopfen. Die leicht gefrorenen Palatschinken in dünne Scheiben schneiden und die Tassen damit auslegen.

Topfenauflauf

Eidotter und Topfen glatt rühren, Vanillezucker und Zitronenschale dazugeben. Eiklar mit Kristallzucker und Salz zu festem Schnee schlagen und unterziehen. Die ausgelegten Kaffeetassen mit der Masse befüllen und im heißen Wasserbad im Backrohr bei 180 Grad etwa 25 Minuten pochieren.

Beerenreigen

Erst die ganzen Beeren zum Auflauf anrichten. Dann die passierten Früchte und den Sauerrahm abwechselnd rund um den Teller auftragen.

Zutaten für 6 Personen (Ruhezeit 2–3 Stunden)

5 Palatschinken
60 g Butter
30 g Staubzucker
300 g Topfen, passiert
60 g Kristallzucker
1/8 l Sauerrahm
3 Eier, getrennt
½ El Vanillezucker
Prise Salz
abgeriebene Schale von 1 Zitrone
60 g zerlassene Butter
Kristallzucker

Topfenauflauf

220 g Topfen (20 Prozent Fett)
3 Eier, getrennt
60 g Kristallzucker
geriebene Schale von 1 Zitrone
1 Tl Vanillezucker, Prise Salz

Beerenreigen

je 150 g Erdbeeren und Marillen, passiert und 1:1 mit Zucker versetzt
1/8 l Sauerrahm, glatt gerührt
gemischte Waldbeeren

Krebscappuccino

Eierschwammerlragout
mit gebackenen Topfenknödeln

Erdäpfel-Grammelstrudel
mit Rahmpilzen

Lammkarree in der
Olivenkruste
mit Erdäpfelgratin und Fenchel

Beiried in der Salzkruste
mit Honig-Balsamico-Zwieberl
und Erdäpfelgratin

Schafkäse-Mousse mit
Olivenhippen und
Pfeffer-Wassermelone

Kalbstafelspitz mit gemischten
Pilzen, Balsamicosoße und
„Wutzelerdäpfeln“

Pizza mit gebeiztem Lachs
und grünem Spargel

Erdbeeren mit Essigschokolade
und Vanilleeisparfait

Gratinierte Himbeeren
mit Mandelschaum

Sommer

Krebscappuccino

Krebskarkassen fein stampfen und in Butter anrösten. Dann Wurzelwerk und Zwiebel dazugeben und weiterrösten. Gleich darauf das Mehl hineinmischen und wieder weiterrösten. Anschließend noch Tomatenmark darunterrühren.

Mit Cognac flambieren und mit Wermut und Weißwein ablöschen, dann mit Suppe aufgießen. Schließlich Schlagobers hinzufügen und mit den Dillstängeln rund 70 Minuten köcheln lassen und dann salzen. Abseihen und aufmixen.

Zum Servieren in eine Tasse geben, Krebsfleisch dazu und ein Milchschaumhäubchen daraufsetzen.

600 g Krebskarkassen
Fleisch von 4 Krebsen
100 g Zwiebel, fein geschnitten
150 g Wurzelwerk, klein geschnitten (Karotten, Sellerie, gelbe Rüben, Lauch)
70 g Butter
1 El Tomatenmark
20 g Mehl
4 cl Cognac
6 cl trockener Wermut
250 ml Weißwein
7 dl helle Suppe
4 dl Schlagobers
Salz
Dillstängel
250 ml Milch, erwärmt und aufgeschäumt

Eierschwammerlragout mit gebackenen Topfenknödeln

Zutaten für 4 Personen

Eierschwammerlragout

Öl
1 kg Eierschwammerl
100 g Schalotten, gewürfelt
0,65 ml Weißwein
125 ml Rindsuppe oder Gemüsefond
125 ml Schlagobers
1 El Crème fraîche
Petersilie, fein geschnitten
Salz, Pfeffer aus der Mühle

Topfenknödel

2 Eier, getrennt
50 g Crème fraîche
240 g Topfen
150 g Weißbrotbrösel
Salz, Pfeffer aus der Mühle
eventuell etwas mehr Brösel, wenn der Topfen zu feucht ist

Eierschwammerlragout

Die Eierschwammerl putzen und in heißem Öl anbraten. Die Schalotten hinzufügen und kurz mitrösten. Mit dem Weißwein ablöschen und einkochen lassen. Dann die Suppe, Schlagobers und Crème fraîche dazugeben. Mit Salz und Pfeffer würzen. Ganz zum Schluss die fein geschnittene Petersilie zugeben.

Topfenknödel

Die Dotter schaumig aufschlagen. Den Topfen, die Crème fraîche und die Weißbrotbrösel vorsichtig daruntermischen. Die Masse mit Salz und Pfeffer würzen, und zum Schluss das geschlagene Eiklar unterheben.

Kleine Knödel formen und panieren. In Öl ausbacken, und mit dem Eierschwammerlragout anrichten.

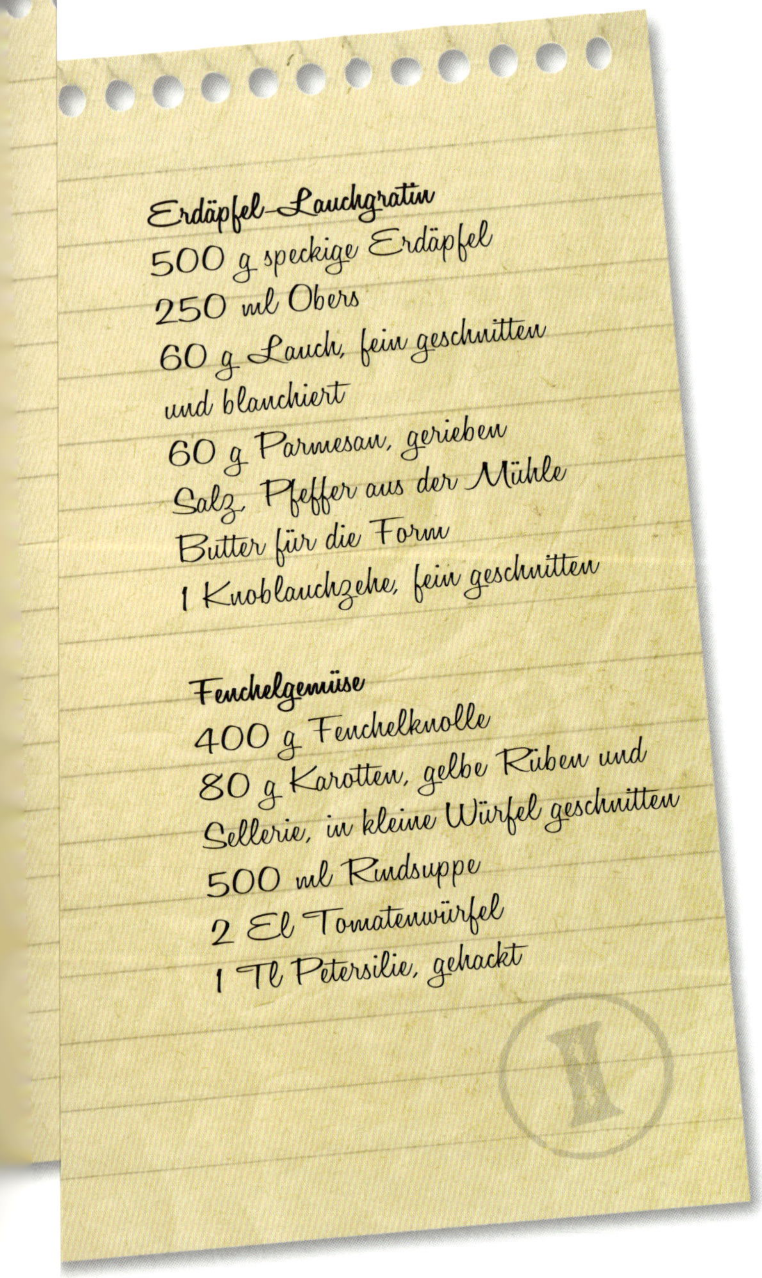

Erdäpfel-Lauchgratin

Erdäpfel in 3 mm dicke Scheiben schneiden und in Salzwasser blanchieren. Dann in eine ausgebutterte feuerfeste Form schlichten und den blanchierten Lauch mit Salz, Pfeffer und Knoblauch dazugeben. Das Schlagobers hineingießen und direkt auf dem Herd aufkochen lassen. Kurz einreduzieren. Dann bei 180 Grad für 10 Minuten ins Backrohr schieben. Erst jetzt mit dem Käse bedecken und nochmals 5–10 Minuten im Backrohr hellbraun backen.

Fenchelgemüse

Den Fenchel waschen, halbieren und den Strunk entfernen. Dann in grobe Stücke schneiden. In eine feuerfeste Form geben, das in Würfel geschnittene Wurzelgemüse dazu, mit Suppe aufgießen und circa 20 Minuten bei 180 Grad im vorgeheizten Rohr schmoren. Tomatenwürfel hinzufügen und nochmals 5 Minuten im Rohr lassen. Aus der Suppe heben und mit Petersilie garniert anrichten.

Beiried in der Salzkruste mit Honig-Balsamico-Zwieberl und Erdäpfelgratin

Erdäpfelgratin

Die Erdäpfel schälen und in gleichmäßige Scheiben schneiden. Dann in eine gebutterte Backform schichten und mit Schlagobers übergießen. Mit Salz, Pfeffer und Muskat würzen. Für rund 35 Minuten bei 200 Grad im Backrohr gratinieren.

Honig-Balsamico-Zwieberl

Den Zucker mit dem Honig in einem Topf leicht karamellisieren. Die Perlzwieberl dazugeben und mit dem Balsamico ablöschen. Einkochen lassen und mit Rindsuppe aufgießen. Die Zwiebel etwa ½ Stunde weich dünsten.

Beiried in der Salzkruste

Für die Salzkruste das Meersalz mit dem Eiklar verrühren. Das Beiried mit den Kräutern auf beiden Seiten anbraten. Danach in die Salzkruste einpacken, und bei 220 Grad ½ Stunde im Rohr garen. Dann etwa 15 Minuten bei 70 Grad rasten lassen. Anschließend die Salzkruste aufbrechen, komplett entfernen und das Beiried tranchieren. Die Perlzwieberl und das Erdäpfelgratin dazu servieren.

Zutaten für 6 Personen

Erdäpfelgratin
1 kg Erdäpfel
500 ml Schlagobers
Salz, Pfeffer, Muskat
Butter für die Form

Honig-Balsamico-Zwieberl
500 g Perlzwiebel, geschält
1 Tl Honig
65 ml Balsamicoessig
1 Tl Zucker
500 ml Rindsuppe

Beiried
1 kg Beiried (Entrecôte)
etwa 2 kg grobes Meersalz
4 Eiklar
1 Rosmarinzweig
1 Thymianzweig

Schafkäse-Mousse mit Olivenhippen und Pfeffer-Wassermelone

Zutaten für 4 Personen

Olivenhippen
2 Eiklar
40 g Zucker
60 g weiche Butter
60 g Mehl, gesiebt
2 El schwarze Oliven, gehackt
Salz

Pfeffer-Wassermelone
2 Tomaten
1 Wassermelone (etwa 300 g)
1 Orange
1 El Olivenöl
Salz, Pfeffer aus der Mühle

Schafkäsemousse (Kühlzeit 2 Stunden)
200 g Schaf-Frischkäse
1 El Honig
100 g Schlagobers
1 Prise Cayennepfeffer, Salz

Schafkäse-Mousse

Käse und Honig gut verrühren, mit Salz und Cayennepfeffer würzen. Das Obers halbsteif schlagen und unterheben. Die Masse in einen Spritzbeutel füllen und 2 Stunden kaltstellen.

Olivenhippen

Das Eiklar und den Zucker mit einer Gabel verrühren, bis sich der Zucker gelöst hat. Zuerst die Butter, dann das Mehl unterrühren. Oliven unterheben und salzen. Ein Backblech mit Backpapier belegen und den Teig zu je 4 dünnen Rechtecken aufstreichen. Unter Beobachtung für wenige Minuten im 170 Grad heißen Backrohr goldbraun backen. Dann sehr rasch über Schaumrollenformen zu länglichen Hippen drehen und abkühlen lassen. Diese mit dem Schafkäse-Mousse füllen.

Pfeffer-Wassermelone

Die Tomaten würfeln, leicht salzen und ein paar Minuten ziehen lassen. Die Wassermelone schälen. 200 g Melonenfruchtfleisch ohne Kerne in etwa 2 cm große Würfel schneiden und zur Seite stellen. Den Rest der Melone hacken und mit den Kernen zu den Tomaten geben.
Die Tomaten-Melonen-Mischung samt den Kernen in einem Sieb abtropfen lassen und dabei gut ausdrücken. Den so entstandenen Saft mit Orangensaft, Honig und Öl verrühren, salzen und pfeffern. Die beiseite gestellten Melonenwürfel hineingeben und 20 Minuten ziehen lassen. Anschließend mit den Olivenhippen anrichten.

Kalbstafelspitz mit gemischten Pilzen, Balsamicosoße und „Wutzelerdäpfeln"

Kalbstafelspitz salzen, pfeffern und im Ganzen in Olivenöl beidseitig anbraten. Anschließend bei 180 Grad 25–35 Minuten ins Rohr geben und rosa braten – gemischte Pilze putzen und in Scheiben schneiden. In Olivenöl mit Zwiebel heiß anrösten, mit Salz und Pfeffer würzen und zum Schluss die Kräuter dazugeben.

Wutzelerdäpfel

Die vorgekochten Erdäpfel zerdrücken und kurz mit Mehl und Eidotter, Muskat, Salz und Pfeffer verkneten. Mit den Händen etwa 1 cm dick ausrollen. In 2–3 cm lange Stücke schneiden und in Mehl wutzeln. Etwa 2 Minuten in Salzwasser kochen und in Butter anbraten.

Balsamicosoße

Zucker karamellisieren, mit Kalbsfond und Balsamicoessig aufgießen, etwas einreduzieren und zum Schluss mit kalter Butter montieren und mit Salz und Pfeffer würzen.

Zutaten für 6 Personen

1,5 kg Kalbstafelspitz
300 g gemischte Pilze nach Angebot
2 El Zwiebel, fein geschnitten
1 Tl Kräuter, gehackt
Olivenöl zum Anbraten
Salz, Pfeffer

Wutzelerdäpfel

500 g mehlige Erdäpfel, gekocht
200 g glattes Mehl
2 Eidotter
Salz, Pfeffer, Muskat

Balsamicosoße

250 ml Kalbsfond
2 El Kristallzucker
125 ml milder Balsamicoessig
30 g kalte Butter
Salz, Pfeffer aus der Mühle

Pizza mit gebeiztem Lachs und grünem Spargel

Zutaten für 4 Personen

Soße
2 El Olivenöl
2 Schalotten, würfelig geschnitten
1 Knoblauchzehe, fein gewürfelt
250 g Tomaten, blanchiert, geschält und würfelig geschnitten
Salz
Prise Zucker
Pfeffer aus der Mühle

Pizza
25 g frische Hefe (ersatzweise auch Trockenhefe)
450 g Mehl (Type 405)
Prise Salz
250 ml lauwarmes Wasser
1 Ei
2 El Olivenöl
200 g gebeizter Lachs
150 g gekochter grüner Spargel
1 Bund Rucola
150 g Crème fraîche
Dillspitzen

Soße

Olivenöl in einem Topf erhitzen. Schalotten und Knoblauch hinzufügen und nach einer Minute die Tomatenwürfel einrühren. Mit Salz, Zucker und Pfeffer würzen. Etwa 5 Minuten köcheln lassen und dann beiseite stellen.

Pizzateig

Zuerst einen Vorteig herstellen. Dazu die Hefe mit etwa 150 g Mehl, einer Prise Salz und ein wenig Wasser zu einem glatten Teig rühren. 10 Minuten zugedeckt an einem warmen Ort ruhen lassen. Den Vorteig mit dem restlichen Mehl, Ei und Olivenöl verkneten. Während dem Kneten so viel Wasser zugeben, dass ein glatter Teig entsteht. Dann mit einem Tuch abdecken und eine halbe Stunde ruhen lassen. Teig in vier Kugeln teilen, mit einem Nudelholz zu Fladen mit einem Durchmesser von etwa 15 cm ausrollen. Tomatensoße darauf verteilen. Pizzateig im Ofen bei 210 Grad 15 Minuten knusprig backen. Aus dem Ofen nehmen. Mit Lachs, Spargel und Ruccola belegen. Crème fraîche und Olivenöl darauf verteilen. Mit Dill garnieren.

Erdbeeren mit Essigschokolade und Vanilleeisparfait

Vanilleeisparfait

Eidotter und Staubzucker mit der ausgestreiften Vanilleschote über Dampf schaumig rühren und anschließend kalt schlagen (dazu am besten die Rührschüssel in einen Topf mit Eiswürfel stellen). Geschlagenen Obers einrühren, in kleine Formen abfüllen und mindestens 12 Stunden gefrieren lassen.

Erdbeeren

Balsamicoessig mit Kristallzucker etwas einkochen und Schokolade hineinrühren. Die halbierten Erdbeeren damit überziehen. Anschließend mit den Pfefferminzblättern garnieren.

Zutaten für 4 Personen

Vanilleeisparfait
(Gefrierzeit 12 Stunden)

4 Eidotter
70 g Staubzucker
1 Vanilleschote
250 ml Schlagobers, geschlagen

Erdbeeren

250 g Erdbeeren, halbiert
125 ml Balsamicoessig
100 g Kristallzucker
30 g Schokolade
mit 80 Prozent Kakaoanteil
1 Bund Pfefferminzblätter

Gratinierte Himbeeren mit Mandelschaum

Zutaten für 4 Personen

200 g frische Himbeeren
2 El Grand Manier
½ El Zucker
Saft von 1 Zitrone
4 El geröstete Mandeln

Gratiniermasse

4 Eidotter
100 g Zucker
25 g Marzipan
1 El Amaretto
100 g Schlagobers, geschlagen

Mandelschaum

125 g Schlagobers, geschlagen
4 El Amaretto

Zuerst die Gratiniermasse und den Mandelschaum zubereiten.

Gratiniermasse

Eidotter und Zucker aufschlagen. Marzipan mit Amaretto verkneten und der Eimasse unter ständigem Rühren in sehr feinen Flocken zufügen. Das Schlagobers unterheben.

Mandelschaum

Für den Mandelschaum das Schlagobers mit Amaretto abschmecken.

Dann die Himbeeren zusammen mit Grand Manier, Zucker und Zitronensaft erhitzen.
Zum Servieren den Mandelschaum auf vier tiefen Tellern glattstreichen. Je 1 El der gerösteten Mandeln und die heißen Himbeeren darauf verteilen. Die Gratiniermasse über die Himbeeren geben und kurz im Backrohr unter dem Grill oder bei voller Oberhitze gratinieren, bis sie goldbraun sind.

Tipp: Besonders gut schmeckt der Mandelschaum, wenn man den Amaretto mit Mandelsirup versetzt.

Herbst

Klare Suppe
von der Räucherforelle
mit Pestogrießknöderl

Gebackene Steinpilze
mit geräuchertem Stör

Torte von Muskatkürbis
und Aberseer Schafkäse

Hirschlinseneintopf
mit gebackenem Ei

Palatschinken mit
Karamellcreme und Quitten

Kürbiscremesuppe

Gams-Ravioli
auf Steinpilzen im Sud

Mit Wildschwein und Dinkel
gefüllte Paprika
in Wacholderrahmsoße

Süßwasserfischeintopf
mit Bohnen und Sauerkraut

Kürbis-Panna-Cotta
mit Essigzwetschken

Zutaten für 4 Personen

800 g geräucherte Forellen
50 g Schalotten, fein geschnitten
50 g Karotten, gewürfelt
50 g Champignons, gewürfelt
50 g Shiitake-Pilze, gewürfelt
50 g Lauch, gewürfelt
50 g Tomaten, gewürfelt
1 Knoblauchzehe, fein geschnitten
2 El Butter
65 ml trockenen Wermut

250 ml Weißwein
2 l Fischfond
1 Eiklar
1 Lorbeerblatt
Dill, fein gehackt
1 Bund Petersilie (Blätter und Stängel werden verwendet)
frischer Kerbel
4 El blanchierte Würfel von Karotten, Stauden- und Knollensellerie
Salz, Pfefferkörner, Wacholderbeeren

Klare Suppe von der Räucherforelle mit Pestogrießknöderl

Die Forellen entgräten und die Haut abziehen. Dann Schalotten, Karotten, Pilze, Lauch, Tomaten und Knoblauch in Butter anschwitzen. Haut und Gräten der geräucherten Forellen dazugeben und kurz mitdünsten. Mit Wermut und Weißwein ablöschen und mit dem Fischfond auffüllen.

Eiklar mit einem Schneebesen leicht anschlagen, unterheben und gut verrühren. Mit Pfefferkörnern, Lorbeerblatt, Wacholderbeeren, Petersilienstängeln und Salz würzen. Etwa 1 Stunde köcheln lassen. Vorsichtig durch ein feines Sieb passieren und mit den frischen Kräuter würzen. Forellenfilets, Knödel und Gemüsewürfel in die Teller geben und mit Suppe aufgießen.

Pestogrießknöderl

Alle Zutaten mit Ausnahme des Pestos vermischen und den Teig in kleine Portionen teilen und flachdrücken. Pesto als Fülle in die Mitte setzen und Knödel formen.

Pestogrießknöderl

200 g mehlige Erdäpfel, gekocht und passiert
100 g Mehl
200 g Weizengrieß
2 Eidotter
Salz
100 g kaltes Pesto für die Fülle

Kürbiscremesuppe

Den Muskatkürbis, das Gemüse und den Ingwer in kleine Stücke schneiden und zusammen mit den restlichen Zutaten und Gewürzen aufkochen. Solange weiter köcheln lassen, bis die Zutaten ganz weich sind. Danach die Suppe gut mixen und durch ein Sieb passieren. Nun noch einmal aufkochen lassen, mit Salz und Pfeffer abschmecken und anrichten.

Zutaten für 4 Personen

500 g Muskatkürbis
1 l Rindsuppe oder Gemüsefond
4 El Butter
100 g Zwiebel
1 Knoblauchzehe
100 g Karotten
120 g roter Paprika
50 g Stangensellerie
20 g Ingwer
1 Msp Paprikapulver
½ Tl Curry
1 Msp Chili
2 El Ketchup
120 ml Schlagobers
4 El Kokosmilch

Gebackene Steinpilze mit geräuchertem Stör

Zutaten für 4 Personen

150 g geräucherter Stör
800 g Steinpilze
1 Ei, Semmelbrösel,
Mehl zum Panieren
Schlagobers
Butterschmalz
Olivenöl zum Marinieren
30 g Apfelwürfel
30 g Crème fraîche
100 g Sauerrahm
1 Tl Oberskren aus dem Glas
4 Stangen Stangensellerie,
in feine Scheiben geschnitten
Salz
Cayennepfeffer
Zitronensaft

Den geräucherten Stör in etwa ½ cm dicke Scheiben schneiden.

Einen kleinen Teil der Pilze in dünne Scheiben schneiden und mit Salz, Pfeffer, Zitronensaft und Olivenöl marinieren. Die restlichen Steinpilze in 1,5 cm dicke Scheiben schneiden, salzen und pfeffern.

Das Ei mit dem Schlagobers verquirlen. Nun die Steinpilze in Mehl, der Ei-Obers-Mischung und den Semmelbröseln panieren. Anschließend in heißem Butterschmalz etwa 2 Minuten ausbacken und eventuell leicht nachsalzen.

Den Sauerrahm und die Crème fraîche mit dem Kren, Salz, Cayennepfeffer und dem Zitronensaft verrühren und den gewürfelten Apfel unterheben. Die Stangenselleriescheiben in ein wenig Wasser blanchieren. Die gebackenen Steinpilze auf einem Teller anrichten, mit den marinierten Steinpilzen, der Soße, den Störfiletscheiben und dem Stangensellerie garnieren.

Tipp: Als günstigere Variante kann für dieses Gericht auch jeder andere Räucherfisch verwendet werden.

Zutaten für 4 Personen

Ravioliteig

250 g gekochte, mehlige Erdäpfel (gut ausgedämpft)
500 g Mehl (Type 405)
Salz
100 ml Wasser
etwas Mehl zum Ausrollen
1 Ei, verquirlt

Fülle

150 g Gamsfleisch, pariert und grob gewürfelt
50 g weißer Speck
50 g Steinpilze, gehackt
3 Schalotten
1 El Butter
1 Tl frischer Majoran, gehackt
1 Tl Petersilie, gehackt
20 g Knollensellerie, fein gewürfelt
20 g Karotten, fein gewürfelt
Salz, Cayennepfeffer

Gams-Ravioli auf Steinpilzen im Sud

Ravioliteig

Die noch heißen Erdäpfel durch eine Presse drücken. Mit Mehl, einer Prise Salz und dem Wasser zu einem glatten Teig kneten. Diesen zur Kugel formen, in Klarsichtfolie wickeln und 1 Stunde im Kühlschrank ruhen lassen.

Den Ravioliteig dünn ausrollen. Die Füllung in teelöffelgroßen Portionen mit reichlich Abstand auf eine Teighälfte setzen. Die Zwischenräume mit verquirltem Ei bestreichen. Die zweite Hälfte darüberklappen und gut festdrücken. Dann die Ravioli ausstechen oder ausschneiden und in Salzwasser etwa 3 Minuten kochen.

Fülle

Das Gamsfleisch gemeinsam mit dem Speck durch den Fleischwolf drehen. Schalotten und Steinpilze in der Butter kurz andünsten, dann samt Kräutern, Sellerie- und Karottenwürfeln zur Fleischmischung geben und gut durchrühren. Mit Salz und Cayennepfeffer würzen.

Steinpilzragout

Steinpilze und die Schalottenwürfel in 1 El Butter kurz anbraten, bis die Pilze Saft zu verlieren beginnen. Den Schnittlauch dazugeben und das Ragout in Suppentellern anrichten.

Währenddessen die flüssige Butter mit der Rindsuppe erhitzen. Die abgetropften Ravioli darin kurz schwenken, dann samt dem Sud auf den Steinpilzen anrichten. Mit Rote-Rüben-Streifen und Schnittlauch garnieren.

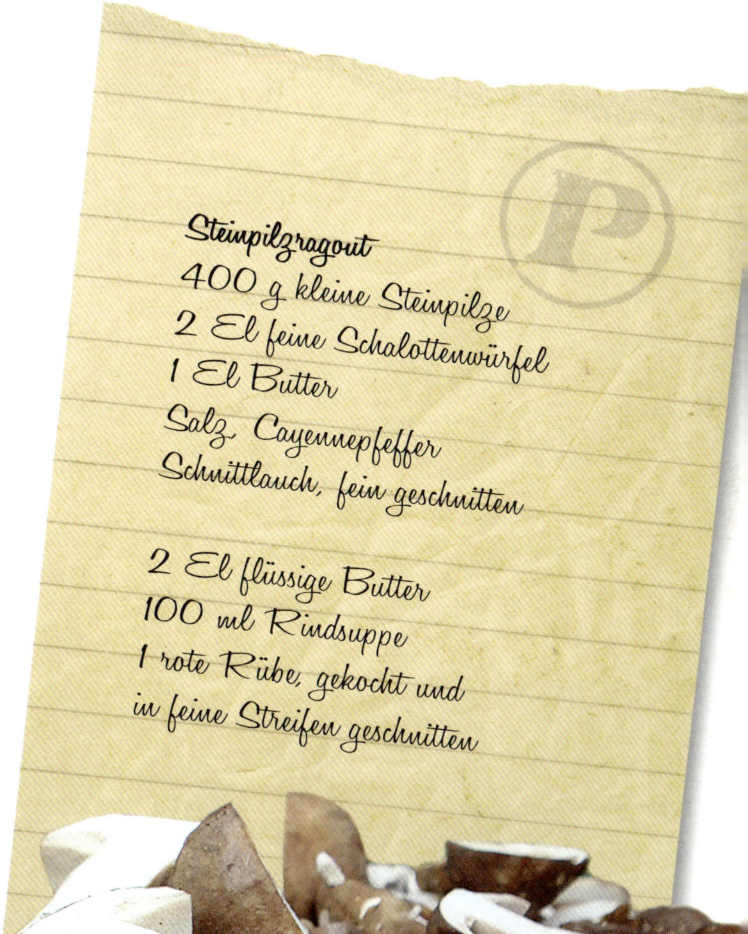

Torte von Muskatkürbis und Aberseer Schafkäse

Kürbis und Erdäpfel reiben und mit Pfeffer würzen. Butterschmalz in einer beschichteten Teflonpfanne erhitzen, die Pfanne mit etwa einem Fünftel der Kürbis-Erdäpfelmasse auslegen und diese goldgelb wie ein Rösti auf beiden Seiten braten. Auf ein Backblech stürzen und jetzt erst salzen, da sonst die Masse zu nass wird. Nun mit Aberseer Schafkäsescheiben (circa ½ cm dick) belegen. Den gesamten Vorgang wiederholen, bis die Torte die gewünschte Höhe erreicht (etwa fünf Rösti-Schichten). Die letzte Schicht muss allerdings ein Rösti sein. Jetzt noch rund 10 Minuten im vorgeheizten Backofen bei 180 Grad backen. Die Torte mit Schnittlauch bestreuen.
Als besonders raffinierte Beilage eignet sich der Kürbis-Schaum, der allerdings schon mindestens 3 Stunden vorher zubereitet werden muss.

Kürbis-Schaum

Das Schlagobers erhitzen. Gelatine 2 Minuten in kaltem Wasser einweichen, ausdrücken und in das heiße Schlagobers rühren. Dieses jetzt schnell in die kalte Kürbissuppe (Rezept Seite 103) einrühren, anschließend die Suppe in eine ISI-Flasche füllen, eine Kapsel eindrehen und mindestens 3 Stunden kalt stellen. Angerichtet wird der Kürbis-Schaum am besten auf ein paar Kürbiskernen.

Zutaten für 4–6 Personen

½ Muskatkürbis
3 speckige Erdäpfel
1 Rolle Aberseer Schafkäse
Schnittlauch, fein geschnitten
Salz
Pfeffer aus der Mühle
Butterschmalz

Kürbis-Schaum
(Kühlzeit 3 Stunden)
400 ml Kürbissuppe
2 ½ Blatt Gelatine
125 ml Schlagobers

Mit Wildschwein und Dinkel gefüllte Paprika in Wacholderrahmsoße

Zutaten für 4 Personen

8 kleine Paprika
100 g gemischte Waldpilze
400 g Fleisch vom Wildschwein, faschiert
100 g gekochter Quelldinkel
1 Ei
50 g Schalotten, fein geschnitten
1 Tl Dijonsenf
Wildgewürze
1 El gehackte Petersilie
1 Knoblauchzehe
etwas Butter zum Bestreichen

Wacholderrahmsoße
50 g Schalotten
10–15 Wacholderbeeren
4 cl Gin
125 ml brauner Wildfond
250 ml Schlagobers

Die Zubereitung ist ähnlich wie bei herkömmlichen gefüllten Paprika. Die Paprikaschoten rund um den Stiel einschneiden, diesen herausziehen und beiseite legen. Dann die weißen Samenkörner auswaschen. Die Pilze klein schneiden und gut mit den fein geschnittenen Schalotten, dem Ei, Quelldinkel, Dijonsenf, Petersilie und dem faschierten Wildschweinfleisch vermischen.

Die so entstandene Masse in die Paprika füllen und den Deckel verkehrt daraufstecken, damit er hält. Ein Bratgefäß ausfetten, die Paprika hineinsetzen und mit Fett bestreichen. Dann für etwa 45–50 Minuten bei 180 Grad ins Backrohr schieben.

Wacholderrahmsoße

Schalotten fein schneiden und mit den Wacholderbeeren leicht anschwitzen, mit Gin, Wildfond und Schlagobers aufgießen und sämig einkochen. Dann die Soße abseihen.

Hirschlinseneintopf mit gebackenem Ei

Zutaten für 4 Personen

1 kg gekochte grüne Linsen oder braune Berglinsen
500 ml brauner Wildfond
50 g Butter
80 g Gemüse, klein würfelig geschnitten (Karotte, gelbe Rübe, Sellerie, Lauch)
50 g Schalotten, klein würfelig geschnitten
200 g Hirschrücken
150 g dürre Hirschwurst, in feine Scheiben geschnitten
1 El gehackte Petersilie
1 Thymianzweig
½ Lorbeerblatt
1 El Rotweinessig
1 Tl Sardellenpaste
Salz, Pfeffer
eventuell etwas Mehlbutter (Butter und Mehl dazu 1:1 mischen)
Öl

Gebackenes Ei

4 Eier
1 l Essigwasser (6 El Essig)
100 g Mehl
100 g Semmelbrösel
2 Eier zum Panieren
Öl zum Backen
4 frittierte Petersilienblätter

Hirschlinseneintopf

Butter in einem Topf erhitzen, Schalotten und Gemüsewürfel sowie die Hirschwurst glasig rösten. Nun die Linsen dazugeben und mit Wildfond aufgießen. Kräuter, Essig und Sardellenpaste zugeben und etwa 10 Minuten köcheln lassen. Mit Salz und Pfeffer abschmecken und bei Bedarf mit Mehlbutter binden. Hirschrücken in größere Würfel schneiden, salzen und pfeffern und in einer Pfanne mit Öl scharf anbraten. Erst kurz vor dem Servieren unter die Linsen mischen. Das Hirschfleisch soll nicht durchziehen.

Gebackenes Ei

Eier in Essigwasser 3–5 Minuten pochieren, kurz überkühlen und auf einem Tuch abtropfen lassen. Anschließend salzen und mit Mehl, Ei und Weißbrotbröseln panieren. In Fett schwimmend rasch goldgelb ausbacken, sodass der Dotter flüssig bleibt. Linseneintopf auf den Tellern anrichten und die Eier einmal eingeschnitten daraufsetzen.
Mit frittierter Petersilie garnieren.

Süßwasserfischeintopf mit Bohnen und Sauerkraut

Zutaten für 4 Personen

4 Fischfilets mit je 160 g
500 g weiße Bohnen, gekocht
100 g rote Bohnen, gekocht
200 g Sauerkraut, gekocht
500 ml Fischfond
250 ml Schlagobers
50 g Schalotten, fein geschnitten
80 g frisches Sauerkraut
80 g durchzogener Selchspeck
Kerbel und Schnittlauch
zum Garnieren
Butter
Olivenöl

Schalotten in etwas Butter anschwitzen und mit Fischfond, der Hälfte der weißen Bohnen, dem gekochten, geschnittenen Sauerkraut und Schlagobers einkochen. Dann mixen, abpassieren und die restlichen weißen und roten Bohnen beigeben.

Frische Sauerkrautstreifen abtrocknen und in heißem Fett frittieren. Dann den Selchspeck in Streifen schneiden und anrösten.

Fischfilets in Olivenöl und Butter schonend gar braten. Gemeinsam mit dem Bohnensauerkrautragout in einer Kupferpfanne anrichten. Frittierte Sauerkraut- und Speckstreifen darüberstreuen und mit Kerbel und Schnittlauch garnieren.

Tipp: Am besten eignen sich Fische mit kräftigem Eigengeschmack wie Waller, Karpfen, Hecht, Lachsforelle und Zander

Palatschinken mit Karamellcreme und Quitten

Zutaten für 4 Personen

4 Palatschinken siehe Rezept Seite 141

Quitten

- Saft von 3 Zitronen
- 3 Apfelquitten
- 100 g Zucker
- Saft von 1 Orange
- 500 ml Weißwein
- Mark von 1 Vanilleschote
- ½ Zimtstange
- etwas Maizena oder Vanillepuddingpulver

Karamellcreme

- 300 g Kristallzucker
- 100 ml Schlagobers
- 500 g Schlagobers, geschlagen

Quitten

Etwas kaltes Wasser mit dem Saft von zwei Zitronen mischen. Die Quitten schälen (alle Abschnitte aufbewahren), entkernen, in Würfel schneiden und sofort in das Zitronenwasser legen, damit sie nicht braun werden. Einstweilen beiseite stellen.

Etwa die Hälfte des Zuckers in einem Topf goldgelb karamellisieren und die Quittenabschnitte darin kurz glasieren. Mit dem Saft der übrigen Zitrone und dem Orangensaft ablöschen. Mit Weißwein aufgießen und Vanillemark samt Zimtstange hineingeben. Den Quittenfond etwas einkochen lassen und durch ein Sieb passieren.

Den restlichen Zucker goldgelb karamellisieren lassen, die beiseite gestellten Quittenwürfel abseihen, darin kurz glasieren und mit dem Quittenfond ablöschen. Alles aufkochen und rund ½ Stunde köcheln lassen. Den Fond nach Wunsch mit etwas in kaltem Wasser angerührtem Maizena oder Vanillepuddingpulver binden.

Palatschinken auf einen Teller legen. Auf eine Hälfte die Karamellcreme auftragen, und die andere Hälfte darüberklappen. Die Quitten dazugeben und mit Staubzucker bestäuben.

Karamellcreme

Den Zucker zu Karamell schmelzen lassen. Mit flüssigem Schlagobers ablöschen, damit der Karamell, wenn er erkaltet, dickflüssig bleibt. Nach dem Abkühlen das geschlagene Obers unterheben.

Kürbis-Panna-Cotta mit Essigzwetschken

Essigzwetschken

Alle Zutaten außer den Zwetschkenspalten glatt rühren und aufkochen, bis sich Zucker und Powidl gelöst haben.

Zwetschkenspalten zugeben und nochmals kurz aufkochen. Heiß in Rexgläser abfüllen und verschließen. Mindestens 2 Tage stehen lassen.

Kürbis-Panna-Cotta

Schlagobers mit Honig und ausgestreifter Vanilleschote aufkochen, Aspik klar bei etwa 90 Grad einrühren und alles durch eine feines Sieb abseihen.

Mit dem Kürbispüree und dem Kürbiskernöl vermischen, glatt rühren und in kleine Kaffeetassen abfüllen. Einige Stunden kaltstellen.

Zutaten für 4 Personen

Essigzwetschken (Ruhezeit 2 Tage)
150 g Rotweinzwetschken
120 g Kristallzucker
50 g Powidl
500 g Zwetschkenspalten
65 ml Rotwein
1 Zimtstange
65 ml Balsamicoessig

Kürbis-Panna-Cotta
250 ml Schlagobers
250 ml Kürbispüree
(Kürbis in wenig Wasser weich gekocht und püriert)
60 g Akazienhonig
8 g Aspik klar
oder 3 Blatt Gelatine
½ Vanilleschote
1 Tl Kürbiskernöl

Kohlfleckerl mit Garnelen
und Kümmelsoße

Karpfenfilet auf rotem Paprika
mit Rahmsterz und Mangold

Hühnerbrüstchen
mit Honigkürbis und
„Wutzelerdäpfeln"

Mit Blutwurst gefülltes
Schweinsrückensteak auf
Sauerkrautsoße
mit Spinatknödeln

Käsewaffeln mit Parmesan
und Tamarillokompott

Steirische Klachlsuppe

Zander in Olivenöl
mit kandiertem Olivenkraut
und Chorizo-Ravioli

Saltimbocca vom Reh und
Hirsch auf gebratenem bunten
Kraut mit Polentaterrine

Gefüllter Bratapfel
mit Weinschaumcreme

Maronischaum-Mousse
mit Preiselbeersoße
und Rotweinbirnen

Kohlfleckerl mit Garnelen und Kümmelsoße

Nudelteig

Alle Zutaten zu einem glatten Teig verkneten. Abdecken und 1 Stunde ruhen lassen. Anschließend den Teig durch die Nudelmaschine zu feinen Blättern drehen oder mit einem Nudelholz fein ausrollen und in Fleckerl schneiden (2 mal 2 cm). In Salzwasser 2–3 Minuten kochen und abseihen.

Von den Spitzkohlblättern den Strunk entfernen und Rauten von 3 mal 3 cm schneiden. Kurz in Salzwasser blanchieren, abgießen und gut abtropfen lassen. Leicht ausdrücken, mit dem Obers in einem Topf gar werden lassen. Mit Salz und Muskat würzen und die Nudelfleckerl dazugeben.

Kümmelsauce

Weißwein und Wermut mit der Schalotte kurz aufkochen, mit Fischfond auffüllen und auf ⅓ einkochen lassen. Salz und Kümmel zugeben, weiter köcheln lassen und danach abseihen. Die Kümmelsauce mit der Butter im Mixer aufschlagen.

Die Garnelen ausbrechen und unter fließendem Wasser abspülen. Im Dampf 4–5 Minuten garen. Die Fleckerl anrichten, die Garnelen daraufsetzen und mit der Soße überziehen.

Zutaten für 4 Personen

20 Garnelen
200 g Spitzkohlblätter
Salz, Muskat
100 ml Schlagobers

Nudelteig

250 g Mehl
50 g Hartweizengrieß
3 Eier
2 El Olivenöl
10 g Salz

Kümmelsauce

100 ml Weißwein
2 El Wermut
1 Schalotte, fein würfelig geschnitten
0,5 l Fischfond
150 g Butter
1 Tl Kümmel, Salz

Tipp:
Falls mit einem Nudelholz gearbeitet wird, sollte etwas Wasser zum Teig gegeben werden. Dann geht das Ausrollen leichter.

Steirische Klachlsuppe

Zutaten für 6 Personen

Stelzenfond
1 Schweinsstelze
1 Paket Suppeneinlage/Suppengrün
1 geschwärzte Zwiebel
Petersilienstängel
Majoran
Pfefferkörner, Lorbeerblätter,
Kümmel
2 El Weißweinessig
je 1 Karotte, Sellerie, Lauch,
in dünne Streifen geschnitten

250 g Butter
4 El Mehl
1 Schuss Weißweinessig
125 ml Weißwein
1 l Stelzenfond
125 ml Schlagobers
2 El Crème fraîche
150 g Sauerrahm
frischer Majoran, Lorbeerblatt
1 Knoblauchzehe, ganz
etwas gemahlener Kümmel
Salz, Pfeffer

Die Schweinsstelze mit dem Gemüse, dem Weißweinessig und den Gewürzen weichkochen. Anschließend das Fleisch auslösen und in gleichmäßige Würfel oder Streifen schneiden. Den Stelzenfond durch ein Sieb passieren und zur Seite stellen.

Mit der Butter und dem Mehl eine helle Einbrenn herstellen. Mit Weißweinessig und Weißwein ablöschen. Kurz einkochen lassen und mit dem Stelzenfond aufgießen. Etwa ½ Stunde leise köcheln lassen. Mit Schlagobers, Crème fraîche und Sauerrahm zu einer sämigen Suppe kochen. Majoran, Knoblauch, Gewürze, Salz und Pfeffer dazugeben und noch einmal 10 Minuten ziehen lassen. Durch ein feines Sieb seihen und vor dem Servieren aufmixen.

Die Stelzenwürfel wärmen und mit Gemüsestreifen in Suppentellern anrichten. Frischen Majoran drüberstreuen.

Karpfenfilet auf rotem Paprika mit Rahmsterz und Mangold

Paprikacreme

Die Paprika waschen, entkernen und im Rohr solange garen, bis die Haut stark gebräunt ist und leichter abgezogen werden kann. Die abgezogenen Paprika grob hacken und fein mixen. Mit Butter, Zitronensaft, Olivenöl, Salz und Zucker aufköcheln, Maizena in etwas kaltem Wasser anrühren und hinzugeben, nochmals aufkochen lassen. Danach abermals fein mixen und zugedeckt kaltstellen.

Zutaten für 4 Personen

Paprikacreme
400 g entkernte Paprika
40 g Butter
4 El Olivenöl
einige Tropfen Zitronensaft
Prise Zucker
Prise Salz
2 gestrichene Tl Maizena
(mit Wasser angerührt)

Fortsetzung auf der nächsten Seite...

Mangold
500 g frischer Mangold
Prise Muskat
Salz, Pfeffer

Rahmsterz
100 g Instant-Polenta
50 g Butter
250 ml Gemüsefond
etwas Schlagobers
Salz, Pfeffer
1 Msp roter Chili, fein geschnitten

4 Karpfenfilets mit Haut
Knollensellerie, in dünne Streifen geschnitten und in Öl herausgebacken zum Garnieren
Salz, Pfeffer
Butterschmalz

Mangold

Den Mangold zuputzen und dann kurz blanchieren. In Butter anschwitzen und mit Salz, Pfeffer und Muskat würzen.

Rahmsterz

Für den Rahmsterz den Gemüsefond mit dem Schlagobers aufkochen und die Polenta einrieseln lassen. Chili hinzufügen und 3–4 Minuten zu einem püreeartigen Brei köcheln lassen. Zuletzt die Butter dazugeben. Mit Salz und Pfeffer würzen.

Die Karpfenfilets mit Salz und Pfeffer würzen und in Butterschmalz auf der Hautseite fast fertig braten. Dann kurz wenden und sofort aus der Pfanne nehmen.

Zum Anrichten die Paprikacreme lauwarm auf die Teller geben. Das Karpfenfilet darauflegen und den Rahmsterz dazu anrichten. Den frittierten Knollensellerie auf das Karpfenfilet geben und rundherum den Mangold anrichten. Eventuell etwas braune Butter oder Milchschaum saucieren.

Zander in Olivenöl mit kandiertem Olivenkraut und Chorizo-Ravioli

Olivenkraut

Zucker leicht karamellisieren, Oliven dazugeben, glasig anschwitzen lassen und dann die Butter und das Olivenpüree dazugeben. Kraut weich dünsten. Mit in kaltem Wasser angerührtem Maizena leicht abbinden. Mit Salz und Pfeffer abschmecken.

Chorizo-Ravioli

Aus dem Mehl, Dotter, Wasser, Salz und Olivenöl einen Teig kneten. Etwa eine Stunde rasten lassen. Für die Fülle das Faschierte mit den Schalotten und den Kräutern vermischen. Nun Ravioli formen. (Genaue Zubereitung der Ravioli siehe Rezept Seite 67.)

Zanderfilets

Die Filets mit Salz und Pfeffer würzen und auf der Hautseite in Olivenöl fast fertig braten. Dann kurz wenden und sofort mit den Ravioli anrichten.

Zutaten für 4 Personen

4 Zanderfilets

600 g Spitzkraut, in grobe Streifen geschnitten
20 schwarze Oliven
2 Tl Oliventapenade/ Olivenpüree (auf der Schranne erhältlich)
50 g Butter
3 El Olivenöl
2 El Zucker
50 g Maizena
125 ml Wasser
Salz, Pfeffer

Chorizo-Ravioli
250 g griffiges Mehl
10 Dotter
Wasser, Olivenöl, Salz
200 g Chorizo (Spanische Schweinerohwurst), faschiert
50 g Schalottenwürfel, blanchiert
50 g Petersilie, gehackt

Zutaten für 4 Personen

Hühnerbrüstchen
4 Hühnerbrüstchen ohne Knochen
1 Rosmarinzweig

Honigkürbis
400 g in Streifen geschnittener Muskatkürbis
3 El Honig
3 El Balsamicoessig
65 ml Weißwein
65 ml Rindsuppe
Salz, Pfeffer, Koriander
50 g Butter
Öl zum Anbraten

Wutzelerdäpfel
300 g Erdäpfel, gekocht, passiert
100 g Mehl
1 Ei
Salz, Pfeffer, Muskat
Butter zum Schwenken

Hühnerbrüstchen mit Honigkürbis und „Wutzelerdäpfeln"

Hühnerbrüstchen

Die Hühnerbrüstchen mit Salz, Pfeffer und Rosmarin würzen und in einer Bratpfanne mit neutral schmeckendem Öl auf beiden Seiten goldbraun anbraten. Dann für etwa 10 Minuten bei 200 Grad im Backrohr schmoren lassen.

Honigkürbis

Die Butter in einem Topf erwärmen und den Honig dazufließen lassen. Die Kürbisstreifen hinzufügen, zuerst den Balsamicoessig und dann Weißwein und Rindsuppe hineingießen.
Salzen, pfeffern und mit etwas Koriander würzen. Den Kürbis nicht zu weich dünsten. Ohne Flüssigkeit auf den Tellern anrichten, das Brüstchen aufschneiden und auf den Kürbis setzen. Rundherum die Wutzelerdäfel anrichten.

Wutzelerdäpfel

Erdäpfel mit Mehl, Ei, Salz, Pfeffer und Muskat zu einen Teig verarbeiten. Kleine „Wutzeln" formen und in Salzwasser kochen, bis sie nach oben steigen. Herausnehmen und in Butter schwenken.

Zutaten für 4 Personen

4 Rehmedaillons zu je 60 g
4 Hirschmedaillons zu je 60 g
8 Scheiben Wildschinken, dünn aufgeschnitten
150 g Mascarpone
1 Bund frische Salbeiblätter
Salz, Pfeffer
Walnussöl zum Braten
250 ml brauner Wildfond
50 g Butter zum Montieren

Polentaterrine
(Ruhezeit 2–3 Stunden)
1 l Wasser
340 g Maisgrieß
80 g Butter
3 Eidotter
40 g geriebenen Parmesan
½ Tl gehackte Kräuter
Salz, Pfeffer, Muskatnuss
3 El Sauerrahm

Kraut
100 g Rotkraut, fein geschnitten
100 g Weißkraut, fein geschnitten
2 El frische Preiselbeeren
Walnussöl zum Braten
Salz, Pfeffer

Saltimbocca vom Reh und Hirsch auf gebratenem bunten Kraut mit Polentaterrine

Polentaterrine

Wasser und Butter zum Kochen bringen, den Maisgrieß unter ständigem Rühren einkochen, bis der Grieß weich ist. Salz, Pfeffer, Eidotter und Parmesan in die Masse einrühren. Mit einer Prise Muskat würzen und die Kräuter hinzufügen. Die Masse erkalten lassen und Sauerrahm einrühren.
Den Polenta in eine Pastetenform füllen und 2–3 Stunden kaltstellen. In Scheiben schneiden und diese in Butter leicht anbraten.

Kraut

Kraut in Walnussöl braten, würzen und die frischen Preiselbeeren hineingeben.

Die Medaillons dünn ausklopfen, salzen, pfeffern und mit dem Wildschinken belegen.
Mascarpone mit fein geschnittenen Salbeiblättern vermischen und etwas salzen, dann auf den Schinken auftragen. Anschließend das Fleisch einschlagen und mit Zahnstochern verschließen. Dann in Walnussöl herausbraten. Bratrückstand mit braunem Wildfond ablöschen und mit kalter Butter montieren.

Mit Blutwurst gefülltes Schweinsrückensteak auf Sauerkrautsoße mit Spinatknödeln

Zutaten für 4 Personen

4 Schweinsrückensteaks, je 140 g
4 Scheiben weißer Speck

Blutwurst-Fülle
100 g Blutwurst, enthäutet und in kleine Würfel geschnitten
1 Eidotter
10 g weiße Brösel
Salz, Pfeffer aus der Mühle
Msp Muskatnuss
etwas Majoran
Öl zum Braten

Spinatknödel
180 g Knödelbrot
2 Eier
40 g Butter
1/8 l Milch
40 g Zwiebel, fein geschnitten
30 g griffiges Mehl
Salz, Pfeffer aus der Mühle
1 Prise Muskat
500 g frischer Spinat
2 El Öl

Blutwurst-Fülle

Blutwurststücke in einer Pfanne unter Umrühren erhitzen, bis sich die Blutwurst wieder zu einer Masse bindet. In diese Masse Brösel und Eidotter mischen und mit den Gewürzen abschmecken.
In die Schweinsrückensteaks mit einem spitzen Messer seitlich eine Tasche schneiden. Die Fülle mit einem Spritzsack in die Steaks spritzen, mit weißem Speck umwickeln, salzen und pfeffern und in der Pfanne in Öl braten.

Spinatknödel

Öl in einem Topf erhitzen, gewaschenen Spinat hinzugeben und zusammenfallen lassen. Dann in einem Sieb abtropfen lassen, gut ausdrücken und grob zusammenhacken. Butter in einer Pfanne erhitzen, Zwiebel hineingeben und anschwitzen. Den Spinat darin 2–3 Minuten dünsten und dann zum Knödelbrot geben. Milch erwärmen und Eier darunterschlagen. Mit Salz, Pfeffer und Muskat würzen und die warme Milch-Ei-Mischung über das Knödelbrot gießen. Gut vermengen, das Mehl unterheben und mit nassen Händen 4 Knödeln formen. In Salzwasser etwa 12 Minuten köcheln lassen.

Sauerkrautsoße

150 g mildes Sauerkraut, roh
½ kleine Zwiebel
65 ml Weißwein
1 l Rindsuppe
10 g Butterschmalz
125 ml Obers
30 g Hamburgerspeck (am Stück)
1 Lorbeerblatt
1 Nelke
3 Wacholderbeeren
5 Pfefferkörner
½ Knoblauchzehe
30 g Butter zum Montieren

Sauerkrautsoße

Die Zwiebel fein schneiden und in Butterschmalz anrösten. Sauerkraut dazugeben, kurz mitdünsten, mit Weißwein ablöschen und mit Rindsuppe aufgießen. Das Obers unterrühren. Die Gewürze zu einem Gewürzsackerl binden und mit dem Speck zum Kraut geben. Etwa 45 Minuten kochen lassen. Dann das Gewürzsackerl und den Speck wieder herausnehmen. Die Soße durchmixen und durch feines Sieb passieren. Zum Schluss noch einmal kurz aufkochen lassen und mit der kalten Butter montieren.

Gefüllter Bratapfel mit Weinschaumcreme

Bei einem der Äpfel das Kerngehäuse ausstechen und in 4 schöne Scheiben schneiden. In einer feuerfesten Form 30 g Butter zerlassen und die Apfelscheiben darin verteilen. 1 El Rosinen dazugeben und das Ganze mit ¼ Tl Zimt bestreuen. Die ½ Vanilleschote dazugeben und mit Apfelsaft angießen. Dann die Apfelscheiben mit Zitronen- und Orangensaft beträufeln. Von den restlichen Äpfeln oben eine fingerdicke Scheibe abschneiden und die Äpfel aushöhlen. 100 g Butter erhitzen, Milchbrotbrösel darin goldgelb rösten. Abkühlen lassen und ¼ Tl Zimt zufügen. Marzipan zerdrücken und mit 1 El Rosinen unter die Milchbrotbrösel mischen. In die Äpfel füllen. Äpfel auf die Apfelscheiben setzen. Mit reichlich Staubzucker bestäuben. Mit der restlichen, in Stücke geschnittenen Butter belegen. Dann im auf 200 Grad vorgeheizten Ofen bei Ober- und Unterhitze ½ Stunde schmoren.

Weinschaumcreme

Eidotter und Zucker mit dem Mixer über Wasserdampf schaumig schlagen. Weißwein und Apfelsaft daruntermixen.

Zum Anrichten die Äpfel auf die Teller setzen, mit Weinschaumcreme begießen, mit den gehobelten Mandeln garnieren und sofort servieren.

Zutaten für 4 Personen

5 Boscop-Äpfel
150 g Butter
2 El Rosinen
½ Tl Zimt
125 ml Apfelsaft
Saft von je ½ Zitrone und ½ Orange
60 g altbackenes süßes Milchbrot, zu Bröseln gerieben
80 g Marzipanrohmasse
Staubzucker zum Bestreuen
½ Vanilleschote, aufgeschnitten
1 El gehobelte Mandeln, in Butter geröstet zum Garnieren

Weinschaumcreme

3 Eidotter
50 g Zucker
60 ml Weißwein
60 ml Apfelsaft

Käsewaffeln mit Parmesan und Tamarillokompott

Tamarillokompott

Sämtliche Zutaten außer den Tamarillos aufkochen und gut durchziehen lassen. Danach durch ein Sieb seihen. Die Baumtomaten schälen und in Spalten schneiden. Den Tamarillofond erneut aufkochen lassen und die Tamarillos hinzufügen. Einige Minuten ziehen lassen.

Käsewaffeln

Butter und Salz mit einem Handrührgerät schlagen, die Eier einzeln unterrühren und nach jedem Ei einen Esslöffel Mehl untermischen, um so eine Gerinnung zu vermeiden. Den Käse, das restliche Mehl, Backpulver und Paprikapulver mit einem Kochlöffel unterrühren. Milch zugeben und die Masse zu einem glatten Teig verarbeiten.
Etwas Teig mit einem Esslöffel auf dem vorgeheizten, geölten Waffeleisen verteilen. Anschließend zwei Minuten bei 200 Grad backen.

Ganz frisch aus dem Waffeleisen und noch warm schmecken die Waffeln am besten. Falls Sie kein Waffeleisen besitzen, können Sie diese Masse auch in einer Teflon-beschichteten Pfanne als Schmarren zubereiten.

Tipp: Das Tamarillokompott kann auch auf Vorrat in größerer Menge hergestellt werden, da es im Einweckglas mindestens sechs Monate haltbar ist.

Zutaten für 4 Personen

Tamarillokompott

3 Tamarillos (Baumtomaten)
500 ml Weißwein
3 Sternanis
50 ml Orangensaft
2 El Zucker
2 cl Sherry
1 Tl Tabasco
20 g Butter
Pfeffer aus der Mühle

Käsewaffeln

200 g Butter
½ Tl Salz
4 Eier
200 g gesiebtes Mehl
½ Tl Backpulver
100 g geriebener Parmesan
1 Tl Paprikapulver
6–8 El lauwarme Milch
Öl zum Einstreichen des Waffeleisens

Maronischaum-Mousse mit Preiselbeersoße und Rotweinbirnen

Zutaten für 4 Personen

Maronischaum-Mousse
(Kühlzeit 6 Stunden)
300 g Maronipüree (fertig gekauft)
100 g Staubzucker
30 g Rum
5 Blatt Gelatine
600 g Schlagobers, geschlagen

Preiselbeersauce
100 g Zucker
100 ml Wasser
100 g Preiselbeeren
½ Zimtstange
Saft einer Zitrone
65 ml Zweigelt

Rotweinbirnen
3 Birnen
390 ml Rotwein
100 g Zucker
1 Zimtstange
Schale von 1 Orange und 1 Zitrone

Maronischaum-Mousse

Maronipüree mit Rum und Staubzucker glatt rühren. Gelatineblätter in kaltem Wasser einweichen und dann in 1 El heißem Wasser aufgehen lassen. Nun zu der Maronimasse mischen. Geschlagenes Obers darunterziehen und kaltstellen (mindestens 6 Stunden).

Preiselbeersauce

Den Zucker mit dem Wasser, den Preiselbeeren, Zimt, Wein und Zitronensaft sämig einkochen. Die Zimtstange entfernen und dann mixen.

Rotweinbirnen

Den Wein zum Kochen bringen. Zimtstange, Orangen- und Zitronenschale hinzufügen. Die Birnen schälen und entkernen (eventuell halbieren). Dann die Birnen mit dem Zucker in den Wein geben und etwa 10 Minuten pochieren. Die Birnen in der Flüssigkeit abkühlen lassen. Die Rotweinbirne auf die Preiselbeersoße setzen und das Mousse dazu anrichten.

Zutaten für 1 Liter

1 kg Fleischabschnitte und Wildknochen, gehackt
5 El Öl
120 g Wurzelgemüse, grobwürfelig geschnitten
1 große Zwiebel, grob geschnitten
60 g Tomatenmark
300 ml Rotwein
3 l Wasser
2 El Preiselbeeren
½ Orange und ½ Zitrone
7 Wacholderbeeren
6 Pfefferkörner
2 Lorbeerblätter
Thymian und Salz zum Würzen

Basisrezept Brauner Wildfond

Knochen und Fleischabschnitte in einer Bratpfanne in heißem Öl anbraten, im Backrohr bei 180 Grad weiterrösten, nach etwas 10 Minuten Wurzelwerk und Zwiebel dazugeben. Nach weiteren 10 Minuten Tomatenmark hinzufügen und weiterrösten. Wieder etwa 10 Minuten später mit Rotwein und etwas Wasser aufgießen, Bratensatz lösen und in einen Topf umleeren. Mit dem restlichen Wasser aufgießen. Nun die Gewürze, Orange, Zitrone und Preiselbeeren dazu geben und leicht köcheln lassen, bis auf 1 l einreduzieren, salzen und abseihen.

Tipp: Den Fond kann man auch in kleinen Portionen einfrieren.

Zutaten für 1 Liter

1,5 kg fleischige Kalbsknochen, gehackt
5 El Öl
120 g Wurzelgemüse, grobwürfelig geschnitten
1 große Zwiebel, grob geschnitten
60 g Tomatenmark
3 l Wasser
6 Pfefferkörner
Salz

Basisrezept Kalbsfond

Knochen in heißem Öl in einer Bratpfanne anbraten, im Backrohr bei 180 Grad bräunen, dann Wurzelwerk und Zwiebeln mitrösten, etwa 10 Minuten später das Tomatenmark dazugeben und dunkel mitrösten. Mit etwas Wasser aufgießen, damit sich der Bratensaft löst. In einen 4-Liter-Topf umleeren, das restliche Wasser hineingießen, Pfefferkörner dazugeben und langsam köcheln lassen, bis die Flüssigkeit auf ungefähr einen Liter einreduziert ist. Fett und Schaum abschöpfen. Durch ein feines Sieb abseihen, salzen und eventuell mit etwas Stärke binden.

Basisrezept Fischfond

Das Gemüse in etwa ½ cm große Stücke schneiden und mit den Gewürzen im Olivenöl kurz anlaufen lassen. Die Karkassen dazugeben und mit kaltem Wasser bedecken, einmal schnell aufkochen lassen, zur Seite stellen und etwa ½ Stunde ziehen lassen. Den auftretenden Schaum abschöpfen, sodass der Fond klar wird. Danach vorsichtig durch ein sehr feines Sieb abseihen.

Zutaten für etwa 1 Liter

500 g Fischkarkassen (vorzugsweise Seezunge, Steinbutt, aber auch von Süßwasserfischen)
100 g Gemüse (Fenchel, Staudensellerie, Lauch und Zwiebel, geschält)
Petersilienstängel
2 Lorbeerblätter
1 Tl Korianderkörner
1 Tl Wacholderbeeren
1 Tl Pfefferkörner
1 Sternanis
30 ml Olivenöl
1 l Wasser

Basisrezept Palatschinken

Mehl mit einem Teil der Milch, dem Eidotter, den Eiern und Salz zu einem cremigen Teig rühren. Dann so viel Milch einrühren, dass der Teig dünnflüssig wird. Anschließend 20 Minuten ruhen lassen.

In einer beschichteten Pfanne Öl erhitzen. So viel Teig eingießen, dass der Boden dünn bedeckt ist. Palatschinken auf beiden Seiten goldbraun backen.

Palatschinken

750 ml Milch
200 g Mehl, glatt
2 Eier
1 Eidotter
Prise Salz
Öl zum Ausbacken

Rezeptverzeichnis

Vorspeisen

Suppen

Hauptspeisen

Fisch:

Fleisch:

Wild:

Vegetarisch:

Nachspeisen

Basisrezepte
Seite 140-141

Abbrennen: Mehl mit einer Flüssigkeit auf dem Herd erhitzen und verrühren, bis die Flüssigkeit verdampft ist

Abschäumen: Schaum von der Oberfläche von Flüssigkeiten abschöpfen, der nach dem Aufkochen entstehen kann

Ansautieren: bei großer Hitze in Butter oder Öl anschwitzen

Blanchieren: für kurze Zeit in kochendem Wasser überbrühen

Geschwärzte Zwiebel: eine Zwiebel ungeschält halbieren und auf der unteren Seite in einer Pfanne schwarz anbraten (etwa 8 Minuten)

Gewürzsackerl: dabei werden die Kräuter in ein weißes Tuch gebunden

Karamellisieren: zuerst einen Topf oder eine Pfanne erhitzen; dann den Zucker hineingeben und zerlaufen lassen; etwa 3 Minuten leicht bräunen (er darf auf keinen Fall zu dunkel und zu fest werden)

Karkasse: Knochengerüst/Gerippe/Schalen von Tieren, speziell von Geflügel, Fisch oder Krebsen, eventuell mit Fleischresten

Montieren: am Ende der Zubereitung einer Soße ein Stück kalte Butter untermischen, um sie etwas einzudicken

Parieren: Fleisch auslösen, von Sehnen, Haut und Knochen befreien

Pochieren: etwas in heißem, aber nicht kochenden Wasser garen; beim **Pochieren von Eiern** jedes Ei einzeln behutsam in eine Tasse schlagen und aus dieser langsam in das heiße Essigwasser gleiten lassen

Powidl: ohne Zucker eingekochte Zwetschken

Saucieren: Soße beim Anrichten auf die Teller geben

Tranchieren: Fleisch fachgerecht zerlegen (in etwa 1 cm dicke Scheiben schneiden)

Überkühlen lassen: abkühlen/erkalten lassen

Zuputzen: kochfertig aufbereiten (waschen, schälen, schneiden)

Abkürzungsverzeichnis

ml	Milliliter
cl	Zentiliter
dl	Deziliter
l	Liter
g	Gramm
kg	Kilogramm
Msp	Messerspitze
Tl	Teelöffel
El	Esslöffel

Elfi Geiblinger

Elfi Geiblinger, geboren in St. Valentin in Niederösterreich, kam 1972 zum Studieren nach Salzburg – und blieb. Seit 1979 ist sie Redakteurin beim ORF, seit 2007 Programmchefin von Radio Salzburg. In ihren Sendungen beschäftigt sie sich mit gesellschaftspolitischen Fragen, mit Gesundheitsthemen, mit Konsumentenanliegen und natürlich mit dem Kochen.

Michael Pratter

Michael Pratter wurde 1969 in der Steiermark geboren und ist seit seiner Jugend Koch aus Leidenschaft. Er war schon in zahlreichen Haubenrestaurants Küchenchef und ist seit 2002 als Koch auf der Schranne unterwegs. Über die Jahre wurde der Spitzenkoch auch zum Schrannenprofi.

Josef Illinger

Josef Illinger, 1953 in Salzburg geboren, ist seit Anfang an mit Elfi Geiblinger auf der Schranne. Er hat schon einige Kochbücher verfasst und wurde im Gault Millau ausgezeichnet. Seine Kochkünste hat er auf der ganzen Welt vorgeführt. Er engagiert sich stark in der Lehrlingsausbildung und leitet immer wieder Profikurse.

Das Angebot der Schranne

0	Infostand Salzburger Agrar Marketing
1	Käse & Milchprodukte
2	Käse & Milchprodukte
3	Fische, Gemüse, Geflügel, Lungauer Erdäpfel
4	Fleischwaren
5	Fleischwaren
6	Käse & Milchprodukte
7	Bio-Brot & Gebäck
8	Käse & Milchprodukte
9	Lammfleisch
10	Bio-Brot & Gebäck
11	Brot & Gebäck
12	Brot & Gebäck
13	Obst & Gemüse
15	Bäuerliche Produkte nach Saison
17	Obst & Gemüse (nur frühmorgens)
20	Brot & Gebäck, Mehlspeisen
21	Ziegenkäse
22	Lammfleisch
23	Fleischwaren
24	Fleischwaren, bäuerliche Produkte
25	Bäuerliche Produkte, Produkte nach Saison
26	Brot & Gebäck, Mehlspeisen, Fleischwaren
27	Fleischwaren
28	Heimische Fische, Meeresfische
31	Fleischwaren
32	Fleischwaren
33	Obst & Gemüse
34	Gemüse (Wals)
35	Bio-Obst
36	Obstsäfte, Wein
37	Oliven, Käse, Eingelegtes
38	Büffelfleisch, Leberkäse
39	Fische
43	Obst & Gemüse
44	Reformwaren
45	Reformwaren
46	Lederwaren
47	Textilien
48	Textilien
49	Gemüse
50	Gemüse, Kräuter
51	Gemüse
53	Obst & Gemüse
54	Obst & Gemüse
57	Obst & Gemüse
58	Würstelstand
59/59a	Hüte, Textilien, Handwerk
61	Reformwaren
63	Schuhe
64	Korbwaren
65	Kurzwaren
66	Brezen
67	Textilien
68	Textilien
70	Textilien
73	Vegetarische Produkte
74	Pute, Putenprodukte
75	Fleischwaren
76	Fleischwaren
77	Produkte nach Saison, Fleischwaren
79	Fleischwaren
80	Fleischwaren
82	Italienische Spezialitäten
83	Fleischwaren
85	Käse & Milchprodukte
86	Fleischwaren
87	Fische
88	Griechische Spezialitäten
91	Fleischwaren, Käse, Milchprodukte, Brot
92	Fleischwaren, Käse, Milchprodukte, Brot
93	Käse & Milchprodukte

94	Geflügel, Backhendl
95	Fische
96	Reformwaren
97	Brot & Gebäck, Fleischwaren
98	Käse & Milchprodukte, bäuerliche Produkte
99	Käse, Milchprodukte
100	Brot & Gebäck
101	Backhendl
102	Honig, Propolis, Reformwaren
103	Reformwaren
105	Obst, Produkte nach Saison
106	Gemüse, Kräuter, bäuerliche Produkte
107	Gemüse, Kräuter
108	Fische, Fleischwaren, Brot & Gebäck, Käse
109	Schilcher-Spezialitäten
110	Blumen
111	Obst, Gemüse, saisonale Produkte
112	Würstelstand
113	Gemüse
114	Gemüse, Kräuter, Blumen
116	Gemüse
118	Obst & Gemüse
119	Würstelstand
120	Blumen, Kräuter
121	Saisonale Produkte
123	Blumen
126	Gemüse
128	Blumen
129	Blumen
130	Blumen
131	Blumen
132	Obst, Wein & Sekt
133	Blumen
134	Gemüse
136	Brot & Gebäck
137	Seifen, Weihrauch
138	Obst & Gemüse
139	Obst & Gemüse
140	Obst & Gemüse
141	Obst & Gemüse
142	Gemüse
143	Ungarische Spezialitäten
144	Fische, Käse, Brot, Fleischwaren
145	Fleischwaren, Käse, Schnaps
146	Bäuerliche Produkte nach Saison
147	Gestecke
148	Obst & Gemüse
149	Obst & Gemüse
150	Blumen
152	Obst & Gemüse
153	Sauerkraut, Eingemachtes
154	Blumen
155	Obst & Gemüse
156	Gewürze, Teemischungen
157	Obst & Gemüse
158	Blumen & Kräuter
159	Obst
161	Blumen & Kräuter
162	Schwammerl, Pilze
164	Obst & Gemüse
165	Blumen, Kräuter & Gewürze
166	Korbwaren, Hundefutter
167	Obst & Gemüse
168	Würstelstand

Das Angebot auf der Schranne unterliegt einem ständigen Wandel. Deshalb wechseln nicht nur die Stände von Zeit zu Zeit, sondern auch die Standorte, wo die einzelnen Anbieter zu finden sind.

Stand August 2010

28

Kneidl – Fisch vom Waginger- und Tachingersee

Seit 1934 haben wir die Fischereirechte am Waginger- und am Tachingersee. Unser Angebot von **Aal** bis **Zander** ist sehr vielseitig. Auch **Hechte, Karpfen, Schleien, Renken** und **Waller** aus dem See erfreuen sich am Markt großer Beliebtheit. Alle Räucherwaren werden in der hauseigenen Räucherkammer selbst geräuchert.

Der heiß geräucherte **Stremellachs** gehört mittlerweile zur **Spezialität unseres Hauses**. Gerne werden auf Vorbestellung auch **Fischbuffets** zubereitet. Natürlich bieten wir neben dem Wildfang aus den Seen auch ein **breites Sortiment an Meeresfischen, Biofischen und Fischsalaten.** Vor Festtagen gibt es **selbstgemachte Terrinen, Räucherfischsülzchen, Lachsbutter, Fischsuppen und vieles mehr** z.B. einen Weihnachtskarpfen.

Kneidl GmbH & Co. KG
Inh. Robert Kneidl
Seeleitenweg 5
D-83329 Waging
www.kneidl-gmbh.com

88

Medusa – Mediterrane Spezialitäten

Bei uns hat jedes Produkt seine Geschichte! Täglich frisch bereiten wir **in Handarbeit** unsere Feinkost-Erzeugnisse mit griechischem Bio-Olivenöl und feinem Bio-Balsamico zu, die **unseren Spezialitäten** den unverwechselbaren Geschmack verleihen.

- Vielfalt an Bio-Oliven aus Griechenland, Italien und Portugal
- gegrilltes frisches Gemüse aus biologischem und regionalem Anbau
- Pesto und Aufstriche mit bestem griechischen Bio-Feta
- Bio-Parmesan und Pecorino
- individuelle Buffets
- Brot und Ciabatta
- handgefertigte, frische Pasta

Unsere mediterranen Rohstoffe und Produkte kaufen wir direkt bei kleineren Kooperativen und Bio-Bauern vor Ort. Wir wählen unsere Zutaten nach **ethischen Standards** und legen Wert auf **natürliche Verarbeitung**.

Ernst Stöger
Lagerhausstraße 17, 83410 Laufen
Tel. und Fax 0049/8682/809694
E-Mail: ernst-stoeger@t-online.de
www.silver-leaf.de

136

Jakob Itzlingers Biobäckerei

Seit über **25 Jahren** bieten wir alles rund um Brot und Gebäck aus Salzburgs **erster und einziger 100-Prozent-Biobäckerei** in unvergleichlicher Qualität und Vielfalt.

Wir backen nach **eigenen Rezepturen** ohne Zusatzstoffe oder Backmischungen. Die Rohstoffe kommen möglichst aus **lokaler Landwirtschaft** und werden in reiner **Handarbeit** verarbeitet:

- **Vollkorn- und Weißbrotsorten** aus Roggen, Weizen, Dinkel und Kamut
- **Kleingebäck** und feine Mehlspeisen
- **Jausenschmankerl** für den Hunger zwischendurch
- **Spezialprodukte** für Allergiker und Personen mit Unverträglichkeiten
- **Alles zum Brotbacken** inklusive freundlicher Tipps unserer Mitarbeiter ;-)

Besuchen Sie unseren Stand an der Südseite der Andräkirche!

Itzlingers Biobäckerei
5324 Faistenau
Karlmühlweg 9
E-Mail: info@itzlingers.at
www.itzlingers.at

10

Bäckerei Zagler
Wir geben dem Brot Zeit!

Bei der Bäckerei Zagler lässt man dem Brot so viel Zeit, wie es braucht. Man drängt nicht, man leistet sich den Luxus, den Teig mit minimalem Backmitteleinsatz aber mit viel Wissen und Geduld zu behandeln. In diesem Bereich geht es zurück zu den Wurzeln der Bäckerkunst. Das schätzen die Kunden. Auch die optischen Zufälligkeiten, die durch das natürliche Backen auftreten, nehmen sie gerne hin, weil sie wissen, wie wertvoll das Brot aus dem Hause Zagler ist.
Roggenbrot, Hausbrot, Sprössling, Weißbrot, Bio-Brote, Dinkelbrot, Nussbrot, Wurzelbrot, Chilibrot, Kaiser-Semmerl, Bio-Semmerl, Handsemmerl, Kuchen, Plundergebäck

Bestellen Sie unser Brot-Buch unter obiger Adresse!

Bäckerei Zagler
Untere Hofmark 20
5145 Neukirchen an der Enknach
Tel. 07729/2224, Fax 07729/222424
E-Mail: zagler.brot@aon.at

109

Steirische Weine und Schilcherland-Spezialitäten

Im Südwesten der Steiermark, inmitten der grünen Wälder und sanften Hügel liegt die malerische Region „Schilcherland".
Aus dieser Region biete ich folgende Spezialitäten an:
Kürbiskerne, Kürbiskernöl und Kürbiskernpesto, Kürbiskernlikör, Kürbiskerntrüffel, Schilcher-Traubensaft, sowie Schilcher-Likör, Schilcher-Essig, und Schilcher-Marmelade
Weine und Spirituosen: Schilcher-Sturm, Schilcher Wein, Schilsecco (Frizzante), Schilcher-Sekt, Schilcher-Glühwein, Blauer Wildbacher, Klevner, Morillon, Schilcher-Tresterbrand vom **Weingut Resch**, vlg. Longus, in Wildbach b. Deutschlandsberg
Weitere Spezialitäten:
Rosen-Sirup, Rosensalz, Wildkräuter-Salz, Kürbis-Paprika-Schmalz, Pfeffer-Salbei-Schmalz, Schilcher-Kren-Senf, Steirisches Verhackert's, Steirischer Whisky

Susanne Klug
5020 Salzburg
Mühldorfasse 34
Tel. 0664/1315526
E-Mail: susaklug@hotmail.com

91/92

Spezialitäten Baischer Lochen

Das ganze Jahr versorgen wir unsere Kunden auf der Schranne und am Samstag auf dem Grünmarkt mit Produkten bester Qualität.
Saisonale Angebote:
- Wild und Wildspezialitäten
- Ennstaler und Almtaler Milchlamm
- Milchkalb aus Lochen
- Ochsenfleisch (speziell zum Grillen und Schmoren)
- Steirische Maishenderl
- Eferdinger Weidegänse und -enten
- Wollschwein aus der Region
- reines Roggenbrot aus Natursauerteig
- Roggenmehl aus der hauseigenen Mühle

Hausgemachte Spezialitäten:
- Kaspressknödel
- Leberknödel
- Bio-Bauern-Beinschinken
- Hirsch- & Wildschweinrohschinken
- großes Käsesortiment

Gerhard Baischer
Ainhausenerstraße 3
5221 Lochen
Tel. 07745/82 84
Fax 07745/82 84-8

Dank

Ich möchte mich ganz herzlich bei allen bedanken, die mir das Verfassen dieses Buches wesentlich erleichtert haben.

Das sind:

Josef Illinger und Michael Pratter, die beiden Spitzenköche, die herrliche Rezepte entwickelt haben, mit denen es jedermann und jederfrau leichtfällt, die besten saisonalen Produkten gekonnt auf den Tisch zu bringen.

Die Firma Miele, die uns großzügig ihr Küchenstudio zur Verfügung gestellt hat. Josef Illinger und Michael Pratter haben es sehr genossen, in diesem perfekten Ambiente ihre Rezepte in die Tat umzusetzen.

Dr. Josef Breuer, der Leiter des Marktamtes, der mir bereitwillig alle Informationen über die Schranne gegeben hat.

Dr. Peter F. Kramml, der Leiter des Stadtarchivs, bei dem ich mich umfassend über die Geschichte der Schranne informieren konnte und der uns historische Fotos zur Verfügung gestellt hat.

Alle Standler, die mir Geschichten über die Schranne erzählt haben, allen voran Markus Schreilechner.

Die vielen Kunden, mit denen ich immer wieder über den Markt rede.

Martina Schneider, die Lektorin des Verlags Anton Pustet, die geduldig auf jede Manuskriptseite gewartet hat.

Und zum guten Schluss der ORF, Radio Salzburg, in dessen Auftrag ich mich über zwanzig Jahre hinweg zur Schranneninsiderin entwickeln konnte.

Elfi Geiblinger

Ebenfalls im Verlag Anton Pustet erschienen:

Das Trapp-Kochbuch

Original-Rezepte der Köchin Johanna Raudaschl

120 Seiten, durchgehend farbig bebildert,
21 x 21 cm, Hardcover
EUR 19,95
ISBN 978-3-7025-0615-5

Heidelbeernocken

500 g	Heidelbeeren
3	Eier
70 g	Staubzucker
1 Prise	Salz
140 g	Mehl
200–250 ml	Milch
	Butter zum Herausbacken

Zucker und Eidotter mit dem Handmixer schaumig rühren. Mehl, Salz und so viel Milch dazugeben, bis ein dickcremiger Teig entsteht. Anschließend die Heidelbeeren hineinmengen. Zuletzt den steif geschlagenen Schnee unterziehen.

Pfanne mit reichlich Butter erhitzen und mit dem Löffel einzelne Teignocken einlegen. Nocken mit ca. 6–8 cm Durchmesser beidseitig leicht braun backen. Mit Staubzucker bestreuen und sofort auftragen.

– 70 –

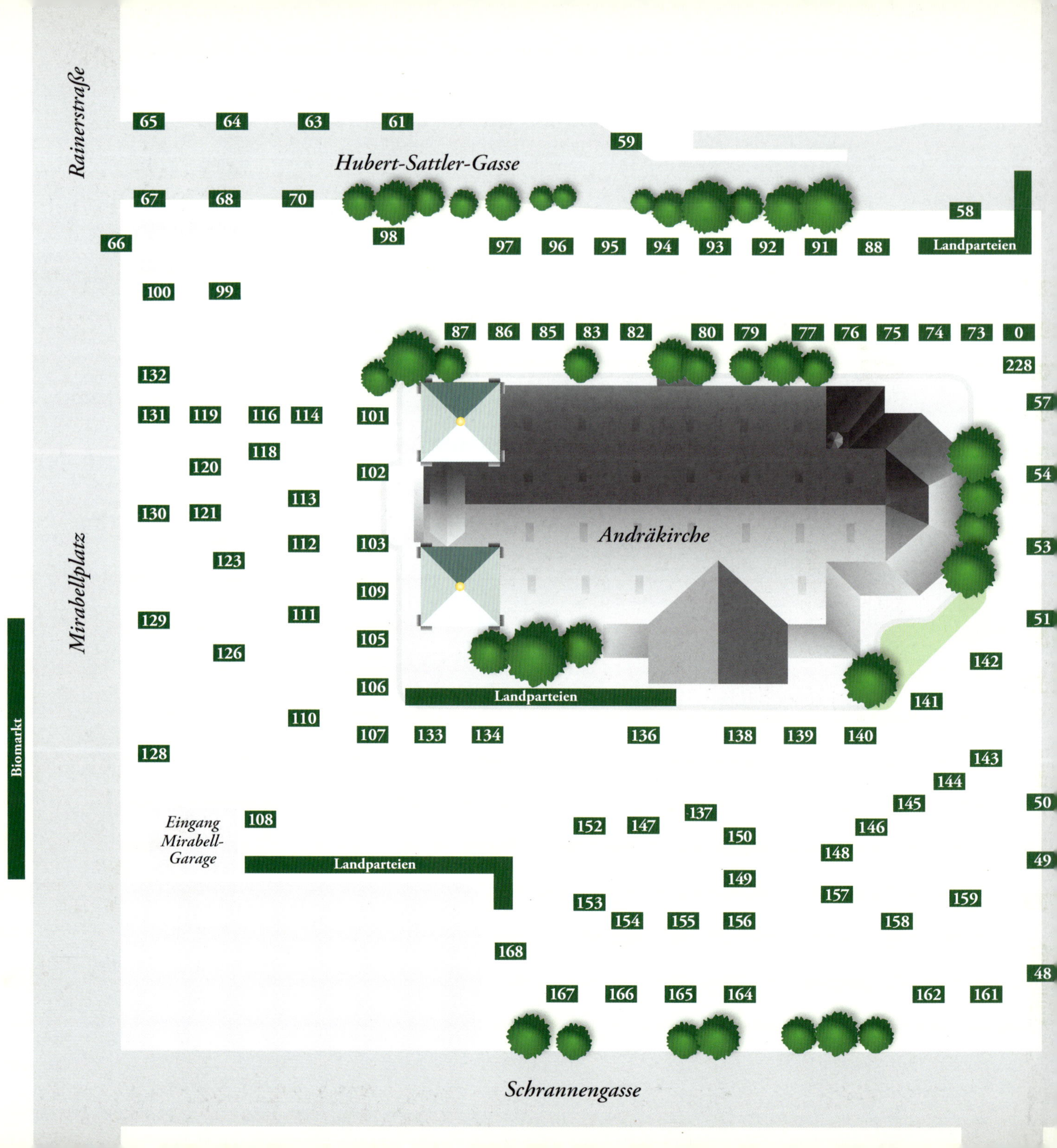

Rainerstraße
Hubert-Sattler-Gasse
65
64
63
61
59
67
68
70
98
58
66
97
96
95
94
93
92
91
88
Landparteien
100
99
87
86
85
83
82
80
79
77
76
75
74
73
0
228
132
131
119
116
114
101
57
118
120
102
54
113
130
121
112
103
Andräkirche
53
123
109
129
111
51
105
126
142
106
Landparteien
141
110
107
133
134
136
138
139
140
128
143
144
50
145
Eingang Mirabell-Garage
108
152
147
137
146
150
148
49
Landparteien
149
157
159
153
154
155
156
158
168
48
167
166
165
164
162
161
Mirabellplatz
Biomarkt
Schrannengasse